Guillaume Poezevara

Fouille de graphes pour la découverte de contrastes entre classes

Guillaume Poezevara

Fouille de graphes pour la découverte de contrastes entre classes

Application à l'estimation de la toxicité des molécules

Presses Académiques Francophones

Impressum / Mentions légales

Bibliografische Information der Deutschen Nationalbibliothek: Die Deutsche Nationalbibliothek verzeichnet diese Publikation in der Deutschen Nationalbibliografie; detaillierte bibliografische Daten sind im Internet über http://dnb.d-nb.de abrufbar.

Alle in diesem Buch genannten Marken und Produktnamen unterliegen warenzeichen-, marken- oder patentrechtlichem Schutz bzw. sind Warenzeichen oder eingetragene Warenzeichen der jeweiligen Inhaber. Die Wiedergabe von Marken, Produktnamen, Gebrauchsnamen, Handelsnamen, Warenbezeichnungen u.s.w. in diesem Werk berechtigt auch ohne besondere Kennzeichnung nicht zu der Annahme, dass solche Namen im Sinne der Warenzeichen- und Markenschutzgesetzgebung als frei zu betrachten wären und daher von jedermann benutzt werden dürften.

Information bibliographique publiée par la Deutsche Nationalbibliothek: La Deutsche Nationalbibliothek inscrit cette publication à la Deutsche Nationalbibliografie; des données bibliographiques détaillées sont disponibles sur internet à l'adresse http://dnb.d-nb.de.

Toutes marques et noms de produits mentionnés dans ce livre demeurent sous la protection des marques, des marques déposées et des brevets, et sont des marques ou des marques déposées de leurs détenteurs respectifs. L'utilisation des marques, noms de produits, noms communs, noms commerciaux, descriptions de produits, etc, même sans qu'ils soient mentionnés de façon particulière dans ce livre ne signifie en aucune façon que ces noms peuvent être utilisés sans restriction à l'égard de la législation pour la protection des marques et des marques déposées et pourraient donc être utilisés par quiconque.

Coverbild / Photo de couverture: www.ingimage.com

Verlag / Editeur:
Presses Académiques Francophones
ist ein Imprint der / est une marque déposée de
OmniScriptum GmbH & Co. KG
Heinrich-Böcking-Str. 6-8, 66121 Saarbrücken, Deutschland / Allemagne
Email: info@presses-academiques.com

Herstellung: siehe letzte Seite /
Impression: voir la dernière page
ISBN: 978-3-8381-4409-2

Hang On To Each Other

2

REMERCIEMENTS

En premier lieu, je remercie Bruno CRÉMILLEUX d'avoir dirigé mes travaux de recherche durant les trois années de ma thèse. Je le remercie pour ses nombreux et précieux conseils qui m'ont permis d'avancer dans mes travaux. Ce manuscrit doit beaucoup à ses nombreuses relectures. Ensuite, je remercie très chaleureusement Bertrand CUISSART pour m'avoir parfaitement encadré. La qualité des travaux qui sont présentés dans ce manuscrit ne serait pas la même sans lui. A ses cotés, j'ai appris la rigueur du scientifique et j'ai progressé aussi bien professionnellement que personnellement. Je retiens aussi de cette double collaboration son caractère détendu et chaleureux.

Jean-François BOULICAUT et Amedeo NAPOLI m'ont fait l'immense honneur d'être les rapporteurs de ma thèse. Je les remercie pour leurs patientes relectures et leurs précieuses corrections. Toute ma gratitude va à Ronan BUREAU, Luc MORIN-ALLORY, Alexandre VARNEK et Jan RAMON qui ont accepté de faire partie de mon jury.

Une partie des travaux présentés dans ce manuscrit a été réalisée en collaboration avec les équipes du CENTRE D'ÉTUDES ET DE RECHERCHE SUR LE MÉDICAMENT DE NORMANDIE, je tiens donc à remercier Alban LEPAILLEUR, Sylvain LOZANO, Fabienne DULIN, Marie-Pierre HALM et Elham ABBASZADEH. Je me souviendrai de nos passionnantes discussions ainsi que des nombreux bons moments que nous avons passé ensemble.

Je remercie l'ensemble du personnel du GREYC pour m'avoir offert un cadre de travail stimulant et amical. Je pense tout particulièrement à François RIOULT, Thierry CHARNOIS, Mehdi KHIARI, Ryan BISSELL-SIDERS, Leander SCHIETGAT, Yannick SILVESTRE, Romain BRIXTEL, Mahmoud GHONIEM et Jean-Luc MANGUIN. Je profite de l'occasion pour remercier également Pierre HÉROUX et Sébastien ADAM du LITIS de Rouen pour m'avoir éveillé au monde de la recherche.

Bien sûr, je remercie aussi mes parents, Alain et Patricia, ma sœur, Élodie, le reste de ma famille et mes amis pour avoir su rendre ces trois années moins terne. Merci pour leur soutien continuel et sans fin. Enfin, je remercie mon ptit lou pour avoir su me supporter et m'encourager pendant ces trois années. J'ai trouvé à ses côtés, la force et le réconfort nécessaire pour mener ces travaux à terme (entre autres).

4

Table des matières

Introduction générale

Contexte

Ce travail a l'originalité d'associer étroitement l'informatique, plus particulièrement la fouille de données, et la chémoinformatique. Il s'inscrit dans le cadre des projets INNOTOX [1] et INNOTOX2 [2] en collaboration avec le CENTRE D'ÉTUDES ET DE RECHERCHE SUR LE MÉDICAMENT DE NORMANDIE (CERMN, UPRES EA 4258, Université de Caen Basse-Normandie) ainsi que le projet BINGO2 [3] associant le CGMC (CNRS UMR 5534, Lyon), le GREYC (CNRS UMR 6072, Caen), le LAHC (CNRS UMR 5516, Saint-Etienne) et le LIRIS (CNRS UMR 5205, Lyon). Nous commençons par indiquer les différents domaines abordés et précisons le contexte applicatif.

Depuis les années 1990, de nombreuses techniques ont été élaborées afin de découvrir l'information contenue dans une base de données. Cette thématique, formant l'*Extraction de Connaissances dans les Bases de Données* (ECBD en abrégé) correspond au processus non trivial d'identification de motifs valides, nouveaux, potentiellement intéressants et interprétables dans les données [Fayyad 96]. L'étape centrale de ce processus porte le nom de fouille de données et concerne plus particulièrement l'extraction de ces motifs, ces derniers reposant généralement sur des régularités constatées dans les données. Cette étape pose entre autres des problèmes algorithmiquement ardus, compte tenu de la grande taille des espaces de recherche à potentiellement parcourir. Dans le cadre de nos travaux, nous verrons que nous cherchons à faire ressortir les contrastes entre différents jeux de données [Kralj Novak 09] et pour cela nous nous intéressons aux motifs émergents [Dong 99a]. Il s'agit de motifs apparaissant beaucoup plus fréquemment dans un jeu de données que dans un autre et ils peuvent être utilisés pour la conception de modèles en classification supervisée [Dong 99b]. D'autre part, une problématique centrale

1. Le projet INNOTOX a pour objectif la validation de méthodes « in silico » et « in vitro » pour l'évaluation de la toxicité et de l'écotoxicité des substances et composés chimiques. Il est soutenu par l'AGENCE NATIONALE POUR LA RECHERCHE (ANR) dans le cadre du programme Chimie et Procédés pour un Développement Durable, décembre 2007-décembre 2010.

2. Le projet INNOTOX2 a pour objectif le développement de méthodes « in vitro » et « in silico » pour l'évaluation de la toxicité de substances chimiques vis-à-vis d'espèces marines exploitables. Il est soutenu par la région Basse-Normandie, relevant de l'appel à propositions EMERGENCE, janvier 2009-janvier 2012.

3. Le projet BINGO2 (https://bingo2.greyc.fr/) a pour objectif la découverte de connaissances pour et par requête inductive dans des applications post génomique. C'est un projet national soutenu par l'ANR, 2008-2011.

en fouille de données concerne le nombre de motifs extraits [Mannila 96]. C'est pourquoi de nombreux travaux portent sur la conception de représentations condensées de motifs afin de limiter le nombre de motifs et cela sans perte d'information [Calders 05]. Nous verrons que notre travail s'inscrit aussi dans cette approche.

Le graphe est un outil utilisé en informatique (et en mathématique) entre autres pour modéliser une donnée structurée (comportant plusieurs objets liés de différentes façons). L'utilisation de graphes conduit à la fouille de données structurées comme les réseaux sociaux ou encore les molécules, ces dernières composant le fil conducteur applicatif de ce mémoire. Depuis les années 2000, de nombreux travaux ont émergé pour proposer diverses méthodes pour extraire de l'information à partir de graphes [Washio 03]. Beaucoup de ces travaux portent sur l'extraction de sous-graphes (un graphe inclus dans un autre graphe) fréquents dans un ensemble de graphes [Yan 06]. La fouille de graphes pose des difficultés nouvelles par rapport aux premiers travaux en fouille de données qui traitaient de données ensemblistes. Une des difficultés majeures de la fouille de graphes est l'appariement entre deux graphes : les tests d'égalité et d'inclusion entre deux graphes correspondent respectivement à un test (NP) d'isomorphisme de graphes [McKay 81] et à un test (NP-complet) d'isomorphisme de sous-graphes [Garey 90].

En 2007, l'Union Européenne a mis en place une nouvelle réglementation concernant la production de composés chimiques intitulée REGISTRATION, EVALUATION, AUTHORI-SATION AND RESTRICTION OF CHEMICALS (REACH). Cette réglementation oblige les industries chimiques à fournir un cahier descriptif sur les composés chimiques qu'elles produisent ou ont produits [Rogers 03]. Parmi les informations demandées, l'influence de la molécule sur l'être humain (toxicologique) et sur l'environnement (écotoxicologique) doit être particulièrement détaillée. Pour faire face à la difficulté d'établir ces informations ainsi qu'au coût important des tests nécessaires, REACH favorise l'utilisation de modèles « in silico » et « in vitro ». Les modèles « in silico » sont extrêmement appréciés car ils permettent de réaliser des tests sans présence physique du composé. D'autre part, du point de vue éthique, ils fournissent des informations de toxicité sans phase de test sur les animaux. L'utilisation de graphes moléculaires [Balaban 83] pour modéliser la structure en deux dimensions (i.e. 2D) des molécules permet l'application des méthodes développées en fouille de graphes. Il est ainsi possible d'étudier l'influence de la structure 2D des molécules dans les phénomènes (éco)toxicologiques en chémoinformatique [Ashby 85].

Contributions

Bien que cette thèse se situe pleinement en informatique, le domaine applicatif (à savoir l'étude (éco)toxicologique de molécules en chémoinformatique) a un rôle important et conduit à des travaux pluridisciplinaires. Ce mémoire propose des contributions à des problématiques de fouille de données (incluant la fouille de graphes) et à des problématiques de prédiction de propriétés (éco)toxicologiques de composés chimiques. Nous dressons maintenant la liste des contributions de nos travaux et donnons les principales références des publications associées.

Du point de vue de la fouille de données, nos travaux apportent les contributions suivantes :

- Nous proposons d'étendre des processus et des méthodes définies sur des données de type transactions/attributs à des données de type graphe. Cela nécessite de faire face à deux grands verrous de la fouille de graphes (isomorphisme de graphes et de sous-graphes) liés à l'appariement entre graphes. Si les tests d'égalité et d'inclusion sur des motifs ensemblistes sont linéaires (dans le cas où les attributs au sein des motifs sont triés dans l'ordre lexicographique), un test d'égalité entre graphes repose sur un isomorphisme de graphes et le test d'inclusion repose sur un isomorphisme de sous-graphes. Ces problèmes sont respectivement NP et NP-COMPLET. Il n'existait pas, antérieurement à nos travaux, de techniques d'extraction de motifs émergents dans une base de graphes. Nous proposons une méthode pour extraire ces motifs en limitant les tests d'appariements entre graphes. Notre méthode repose sur un changement de description des graphes permettant de revenir à un contexte de fouille dans le cadre de données binaires [Poezevara 09]. Les contraintes classiquement utilisées en fouille de données peuvent ensuite être appliquées et nous utilisons plus particulièrement les contraintes d'émergence et de fréquence.
- Comme nous l'avons dit, les représentations condensées de motifs forment un champ actif de recherche en fouille de données. Nous montrons qu'il est possible d'étendre aux motifs de graphes les représentations condensées sur la mesure du taux de croissance qui est le fondement de la contrainte d'émergence. Notre proposition repose sur l'utilisation des motifs fermés et de la relation d'inclusion entre graphes [Poezevara 11]. L'utilisation des motifs fermés réduit le nombre de motifs produits. La relation d'inclusion entre graphes permet de réduire la longueur des motifs : si un graphe G et l'ensemble de ses sous-graphes sont présents dans un même motif, nous montrons qu'il est suffisant de garder uniquement G pour conserver toute l'information du motif. Ces travaux synthétisent les motifs de graphes et facilitent leur exploration et leur usages.

D'un point de vue chémoinformatique, nous apportons les contributions suivantes à la prédiction de propriétés (éco)toxicologiques des composés chimiques :

- Il est établi que la présence de sous-structures spécifiques dans la structure 2D des molécules influence leur toxicité, ces sous-structures sont appelées des toxicophores. De façon générale, leur identification repose sur la connaissance humaine d'experts en (éco)toxicologie. Pour faciliter cette tâche, nous avons mis au point une méthode d'extraction automatique de toxicophores depuis un ensemble de molécules partitionné en deux sous-ensembles selon leur toxicité [Bissell-Siders 10b, Lozano 10c]. Dans ce contexte, les toxicophores sont caractérisés par le fait d'être très fréquents dans les molécules toxiques et peu fréquents dans les molécules non toxiques. La

contribution importante de ces travaux est de proposer l'extraction de conjonctions
de sous-structures : les phénomènes toxiques résultant de la présence de plusieurs
sous-structures au sein d'une molécule sont ainsi détectés.

– Nous proposons également une méthode expérimentale pour détecter les points
de rupture structurelle différents de la classification initiale au sein des bases de
molécules. Celle-ci met en relation la structure 2D d'une molécule avec ses propriétés biologiques nocives pour l'être humain et l'environnement.

Organisation du mémoire

L'organisation de ce mémoire vise à mettre en évidence l'importance des relations
croisées entre informatique et chémoinformatique.

Dans le chapitre 1, nous définissons les différents termes de chémoinformatique et
liés à l'étude de propriétés (éco)toxicologiques qui sont utilisés par la suite. Les objectifs
de ce chapitre sont : (i) expliquer la notion de modélisation d'une molécule ainsi que les
méthodes d'annotations par l'utilisation d'indicateurs quantitatifs de toxicité, (ii) exposer
les problématiques liées à l'établissement de relations entre la structure chimique d'une
molécule et son influence sur l'être humain ou l'environnement et (iii) présenter les méthodes de recherche de structures moléculaires et les modèles d'estimation de la toxicité
utilisées en chémoinformatique.

Dans le chapitre 2, nous définissons les concepts et notations classiquement utilisés
en fouille de données et en fouille de graphes. Les objectifs de ce chapitre sont : (i)
sensibiliser le lecteur à la difficulté de l'extension aux graphes de la recherche de motifs sous
une contrainte comme l'émergence, (ii) expliquer les notions de recherche de motifs sous
contraintes et de représentation condensée de motifs et (iii) proposer une vue synthétique
des modèles de classification fondés sur les motifs en fouille de données et en particulier
ceux utilisant les motifs émergents.

Dans le chapitre 3, nous définissons un nouveau type de motif, les motifs émergents
de graphes. Extraits d'une base de graphes, ils sont constitués de sous-graphes fréquents
et vérifient la contrainte d'émergence. Ce chapitre définit une représentation condensée
de l'ensemble de ces motifs se fondant sur les motifs fermés et sur la relation d'inclusion
entre graphes au sein d'un motif. Notre méthode a la particularité de minimiser les tests
d'isomorphismes de graphes et de sous-graphes. Ce chapitre se termine par une série
d'expérimentations réalisée sur un ensemble de graphes moléculaires destinée à (i) montrer
la faisabilité de la méthode, (ii) évaluer les différentes étapes de la méthode d'extraction,
(iii) évaluer la concision de la représentation condensée et (iv) déterminer si ces nouveaux
motifs offrent des solutions intéressantes pour la classification.

Au chapitre 4, nous proposons une méthode d'identification automatique de combinaisons émergentes de sous-structures fréquentes correspondant à des fragments de
molécules susceptibles d'influencer le comportement toxique de molécules. Une première
série d'expérimentation étudie les combinaisons composées d'une seule sous-structure et

qui sont présentes uniquement dans les molécules toxiques. L'expérimentation porte sur (i) l'évaluation de la présence significative des fragments dans les molécules toxiques et non toxiques, (ii) le maintien des fragments émergents d'un ensemble de molécules à un autre et (iii) leur utilisation dans la construction d'un modèle de classification légale en écotoxicologie. Ce chapitre expose également une série d'expérimentations permettant d'évaluer l'apport des motifs fréquents émergents de sous-graphes fréquents pour la classification supervisée ainsi que la conception d'une technique expérimentale permettant la détection de points de rupture structurelle différents de la classification initiale. Ces dernières expériences ont été appliquées à l'étude d'une base originale de toxicologie aiguë sur des rats. Soulignons la richesse de cette base, rare en toxicologie, ainsi que ses dimensions (i.e. nombre de molécules et taille moyenne des molécules) qui permettent de tester le passage à l'échelle de notre méthode d'extraction automatique de toxicophores.

Le dernier chapitre conclut sur l'ensemble des travaux présentés et dresse des perspectives.

Chapitre 1

La chémoinformatique pour l'étude (éco)toxicologique des molécules

Sommaire

Ce chapitre introduit les notions de chémoinformatique nécessaires à la compréhension des méthodes informatiques et des applications développées dans ce mémoire. La chémoinformatique se consacre notamment à la prédiction de propriétés biologiques à partir de la structure moléculaire. Une des propriétés étudiées concerne le potentiel toxique d'une molécule sur l'être humain (toxicité) ou sur l'environnement (écotoxicité). Les nombreuses méthodes qui sont apparues depuis près de cent ans pour utiliser cette structure dans des modèles de prédiction de toxicité reposent soit sur la détection de structures spécifiques (définies par un expert) ou intéressantes (apparaissant fréquemment dans une base de molécules), soit sur la valeur de fonctions, définies sur les molécules et utilisant des descripteurs structurels, soit sur l'élaboration de mesures de similarité ou de distances entre les molécules. Parmi toutes les représentations abstraites existantes de la structure des molécules, le graphe moléculaire permet de modéliser les relations entre les atomes et constitue une passerelle pour appliquer des méthodes informatiques d'extraction de connaissances dans le cadre de problématiques existantes en (éco)toxicologie. Ce chapitre se termine en exposant le positionnement et les perspectives des travaux réalisés dans les chapitres 3 et 4.

1.1   Information toxicologique et chémoinformatique

La toxicologie est la science étudiant les substances chimiques toxiques. Elle s'intéresse notamment à leur identification et à l'étude de leurs effets sur l'organisme. Elle évalue également l'impact d'une substance sur l'environnement ; on parle alors d'écotoxicologie. La toxicité d'un composé chimique est une caractéristique biologique qui dépend de la structure atomique ou moléculaire du composé.

Une des problématiques en toxicologie est que le potentiel toxique d'une substance dépend de la concentration de celle-ci : l'eau est toxique pour l'homme à très forte dose et le venin de serpent ne l'est pas lorsque sa concentration dans l'organisme est en dessous d'un certain seuil. La toxicologie est également rendue complexe par le fait que les propriétés toxiques d'une substance dépendent de nombreux facteurs liés à la fois au toxique lui-même et à sa cible. En effet, la nature du toxique, le moment et la durée de l'exposition ou encore la nature du contact influencent le potentiel toxique d'un composé chimique.

Obligation de connaître le potentiel toxique d'une substance chimique   La nouvelle réglementation REGISTRATION, EVALUATION, AUTHORISATION AND RESTRICTION OF CHEMICALS (REACH) [4], entrée en vigueur en 2007, a pour objectif d'améliorer la protection de la santé humaine et de l'environnement sans empêcher la compétitivité des entreprises chimiques. REACH est fondée sur l'idée que les industries sont les mieux placées pour détailler le caractère nocif de leurs substances chimiques pour la santé humaine et pour l'environnement. REACH demande aux entreprises de fournir des données relatives à la nocivité et aux risques des substances chimiques qu'elles produisent, importent ou utilisent. Cela s'applique également aux composés déjà sur le marché [Rogers 03].

Informations sur les propriétés physicochimiques : il s'agit d'indiquer l'état de la substance à 20°C et 101,3 kPa, le point de fusion/congélation, le point d'ébullition, la densité relative, la pression de vapeur, la tension superficielle, l'hydrosolubilité, le coefficient de partage n-octanol/eau, le point d'éclair, l'inflammabilité, les propriétés explosives, la température d'auto-inflammation, les propriétés comburantes, la granulométrie, la stabilité dans les solvants organiques et identité des produits de dégradation à prendre en considération, la constante de dissociation et la viscosité.

Informations toxicologiques : cela concerne les propriétés de la substance en matière d'irritation, de sensibilisation, de mutagénicité, de toxicité aigüe, de toxicité par administration répétée, de toxicité pour la reproduction, de toxicocinétique et de carcinogénicité.

Informations écotoxicologiques : il s'agit d'indiquer les propriétés d'une substance en matière de toxicité aquatique, de dégradation, de devenir et du comportement dans l'environnement, des effets sur les organismes terrestres, des effets sur les organismes des sédiments et des effets sur les oiseaux.

---

4. http://ec.europa.eu/environment/chemicals/reach/reach_intro.htm

La production mondiale de molécules étant en constante augmentation, il est plus que nécessaire de produire des données fiables sur les propriétés biologiques des substances chimiques et de promouvoir les méthodes alternatives (tests sans animaux) telles que les méthodes « in silico » et « in vitro ». Cependant, l'identification des risques engendrés par une substance chimique est un mécanisme très lent, très onéreux et éthiquement problématique.

Chémoinformatique et toxicologie La chémoinformatique est la discipline scientifique qui consiste à étudier et résoudre des problèmes relatifs à la chimie en appliquant des méthodes informatiques. Cette discipline a évolué au cours des 40 dernières années pour devenir une véritable interface entre la chimie et l'informatique [Willett 11]. Force est de constater que, dans de nombreux domaines de la chimie, l'énorme quantité de données et d'informations produites par la recherche peut être uniquement traitée et analysée par des méthodes informatiques. En outre, bon nombre des problèmes rencontrés en chimie sont si complexes que des approches novatrices utilisant des solutions fondées sur les méthodes informatiques sont nécessaires. Des méthodes ont été développées pour permettre la construction de bases de données regroupant des composés chimiques et des réactions chimiques et biologiques. Les applications de la chémoinformatique sont nombreuses : nous nous intéressons particulièrement ici à la prédiction de propriétés physico-chimiques et d'informations écotoxicologiques à partir de la seule structure moléculaire. Pour plus d'information sur les questions scientifiques clés et les perspectives de la chémoinformatique, le lecteur est invité à consulter le chapitre 5 du livre « Chemometrics and Chemoinformatics » intitulé « Chemoinformatics : Perspectives and Challenges » de X. LING, F.L. STAHURA et J. BAJORATH [Ling 05].

Modèle de prédiction de toxicité Les techniques de prédiction toxicologique sont des alternatives aux essais biologiques d'identification d'effets toxiques des molécules. Elles sont rapides, moins chères et peuvent intervenir à un niveau relativement précoce dans le développement d'un composé chimique [Helma 05]. Les méthodes utilisant l'outil informatique, appelées « in silico », présentent l'intérêt de pouvoir être appliquées sans présence physique du composé. Les techniques de prédiction toxicologique peuvent être classées en quatre catégories [Richard 06] :

Système expert : ces systèmes utilisent les connaissances humaines des phénomènes toxicologiques. Ils appliquent un raisonnement humain au sein d'un programme informatique dans le but de prédire la toxicité d'un nouveau composé. Cette approche est la plus répandue parce qu'elle fournit un accès facile à des connaissances toxicologiques expertes. Un état de l'art des système experts est réalisé dans [Benfenati 97].

Système piloté par les données : les méthodes de cette catégorie effectuent des prédictions de toxicité en utilisant les connaissances issues d'un jeu d'apprentissage de données expérimentales déterminées. Les relations structure-activité sont un exemple typique de cette catégorie [Lozano 10b]. Ces dernières années, les méthodes d'apprentissage automatique et de fouille de données sont pleinement exploitées dans le domaine de la toxicologie prédictive (p.e. les k plus proches voisins, le classifieur Bayésien, le réseau de neurones et le Support Vector Machine).

READ-ACROSS : ces méthodes consistent à trouver au sein d'une base de molécules les molécules similaires à une molécule test afin d'extrapoler les propriétés biologiques de la molécule testée [Schuurmann 11]. La similarité entre deux molécules est liée au logiciel utilisé pour effectuer cette étude.

Modélisation moléculaire ces méthodes modélisent les événements biochimiques d'un composé chimique qui ont un impact direct sur sa toxicité. Les méthodes de modélisation moléculaire permettent généralement de prédire l'interaction entre une petite molécule et une cible biologique en étudiant les fonctions chimiques permettant cette liaison sur le site actif du récepteur de la grande molécule. Elles sont principalement utilisées en recherche pharmaceutique pour la détection et l'évaluation de nouveaux composés à visée thérapeutique.

Les méthodes « in silico » sont suffisamment performantes de nos jours pour jouer un rôle important dans les prédictions des effets toxiques d'une substance. La précision de leurs prédictions est comparable à celle des méthodes « in vitro » et « in vivo ». Il est cependant crucial de bien connaître les limites des techniques « in silico » et de ne pas les appliquer aveuglement à chaque cas.

Plan de lecture du chapitre Nous exposons dans la section 1.2 des exemples de représentations de molécules notamment celles consacrées à la structure moléculaire afin de pouvoir traiter les molécules par des techniques informatiques. La section 1.3 présente les mécanismes d'annotation de la représentation structurelle des molécules et le processus de constitution de bases de structures moléculaires annotées. De nombreuses méthodes utilisées en chémoinformatique reposent sur la spécification de caractéristiques établies à partir de la structure des molécules (p.e. le nombre d'atomes) : la section 1.4 se focalise sur leur présentation ainsi que sur leur utilisation (i) dans l'élaboration de distances de similarité, (ii) dans l'établissement d'une relation structure-activité et (iii) sur l'extraction de caractéristiques émergentes. Les interactions spécifiques entre les atomes influencent les propriétés biologiques des substances chimiques : c'est la raison pour laquelle nous abordons dans la section 1.5 les nombreuses méthodologies portant sur l'étude et l'extrapolation d'informations à partir de la structure en deux dimensions des molécules. Enfin, la section 1.6 définit le contexte et les perspectives d'utilisation des méthodes informatiques que nous proposons dans les chapitres 3 et 4.

1.2 Modélisation de la structure moléculaire

Une molécule est microscopique : le comportement électronique et nucléaire des molécules est décrit à partir de l'équation du mouvement quantique, appelée « équation de SCHRÖDINGER », et des autres postulats fondamentaux de la mécanique quantique. Cette nécessité a motivé le développement de concepts et de méthodes de calculs numériques qui ont permis à la chimie moderne de faire des progrès considérables tant en ce qui concerne la compréhension des phénomènes que la compréhension de leur application. L'objectif ici n'est pas d'étudier la chimie quantique mais de noter que toute représentation d'une molécule provient d'une démarche abstraite destinée à mettre en évidence une carac-téristique de la molécule. Nous abordons dans cette section différentes représentations de molécules existantes et nous donnons la représentation que nous utilisons pour modéliser la structure moléculaire.

Composition et représentation d'une molécule Une molécule est un assemblage chimique électriquement neutre d'au moins deux atomes et constitue un agrégat atomique lié par des forces de valence : les liaisons covalentes. Une liaison covalente est une liaison chimique dans laquelle chacun des atomes liés met en commun un électron d'une de ses couches externes afin de former un doublet d'électrons liant les deux atomes. Des forces plus faibles, telles les liaisons hydrogène[5] et celles de type VAN DER WAALS[6] les maintiennent à proximité les unes des autres à l'état liquide et solide.

La modélisation des molécules permet aux chimistes de mieux comprendre les phénomènes, principalement à l'échelle moléculaire. Des représentations graphiques sont utilisées pour décrire les substances chimiques et leurs structures. Ces représentations permettent de décrire le nombre et le type d'atomes qui composent une molécule, les liaisons moléculaires ou encore sa forme dans l'espace. Voici une liste non exhaustive des représentations graphiques existantes :

Formule brute : cette formule renseigne uniquement sur la composition chimique d'une molécule, c'est-à-dire sur le nombre et le type d'atomes qui la compose et sur la charge électrique des atomes. Elle ne renseigne pas sur l'agencement spatial des atomes, ni sur le type des liaisons chimiques.

Formule développée plane : elle permet de représenter de manière très simple et rapide la structure d'une molécule, ainsi que les liaisons chimiques mais elle ne permet pas de représenter la forme de la molécule dans l'espace.

Formule semi-développée : c'est une simplification de la formule développée plane, dans laquelle on ne représente pas les liaisons carbone-hydrogène. Le principe de

---

5. Une liaison hydrogène est une liaison physique non covalente, de basse intensité (vingt fois plus faible que liaison covalente classique) et qui relie des molécules en impliquant un atome d'hydrogène.

6. Dans le cas de deux molécules monoatomiques, la force de VAN DER WAALS est l'effet de l'attraction réciproque entre le noyau d'un atome et le nuage électronique d'un autre atome, de la répulsion entre les noyaux des atomes et de la répulsion entre les nuages électroniques des atomes.

représentation des atomes consiste à indiquer la lettre correspondante issue du tableau périodique des éléments, et un trait par liaison ou plusieurs si la liaison est double ou triple.

Formule topologique : c'est une manière simplifiée et rapide de représenter la structure d'une molécule organique. On ne représente plus les atomes de carbone ni les atomes d'hydrogène portés par ces derniers. Les atomes d'hydrogène portés par des éléments autres que le carbone et l'hydrogène sont représentés.

Le tableau 1.1 propose un exemple des différentes représentations graphiques énoncées pour *l'acide 2-amino-3-(4-hydroxyphenyl)propanoique.*

Représentations de *l'acide 2-amino-3-(4-hydroxyphenyl)propanoique*	
Formule brute	$C_9H_{11}NO_3$
Formule développée plane	
Formule semi-développée	
Formule topologique	

TABLE 1.1 – Exemples de différentes représentations graphiques de la structure de *l'acide 2-amino-3-(4-hydroxyphenyl)propanoique.*

La formule brute est la forme la plus simple : elle ne donne que la composition en atomes de la molécule. La formule développée plane est la plus complexe : elle informe de l'enchaînement des atomes, y compris les atomes d'hydrogène, au sein de la structure de la molécule. La formule topologique est une représentation simplifiée et rapide de la structure de la molécule : elle correspond au *graphe moléculaire*.

Représentation basée sur le graphe moléculaire D'autres formules permettent de représenter la conformation d'une molécule dans l'espace (représentation de CRAM). Nous ne développons pas ici cet aspect car, par la suite, nos travaux s'appuient sur la structure 2D des molécules. La représentation graphique utilisée pour modéliser la structure d'une molécule est son *graphe moléculaire* [Balaban 83] (définition 1.2.1).

Définition 1.2.1 (Graphe moléculaire [Balaban 83]) *Un graphe moléculaire est un ensemble de sommets et d'arêtes représentant respectivement l'ensemble des atomes et l'ensemble des liaisons chimiques d'une molécule. Il a pour caractéristique d'être non orienté et dépourvu des atomes d'hydrogène implicites.*

Un graphe moléculaire est non orienté : il n'y a pas de distinction entre l'origine et la terminaison d'une liaison chimique, seule son existence est modélisée. Dans la majorité des cas, le graphe moléculaire ne tient pas compte des atomes d'hydrogène et des doublets. Il permet de visualiser le plus simplement possible l'enchaînement des atomes au sein d'une molécule ainsi que le type de liaisons entre ceux-ci.

Code SIMPLIFIED MOLECULAR INPUT LINE ENTRY SPECIFICATION Le code grammatical appelé code SIMPLIFIED MOLECULAR INPUT LINE ENTRY SPECIFICATION (SMILES) [Weininger 88] est une notation chimique basée sur le graphe moléculaire. Il permet de représenter précisément la structure d'une molécule en utilisant une grammaire naturelle et légère. Il est à la fois facilement interprétable et utilisable par des systèmes informatiques, notamment pour sa (rétro-)conversion en graphe moléculaire. Ce code est basé sur l'utilisation de règles très précises lors de sa génération :

Atomes : les atomes sont représentés par les symboles atomiques. C'est le seul usage de lettres en code SMILES. Chaque atome non hydrogène est spécifié indépendamment par son symbole atomique entre crochets. L'éventuelle deuxième lettre d'un code atomique doit être écrite en minuscule. Les éléments appartenant au sous-ensemble des éléments organiques peuvent être écrits sans crochets.

Liaisons chimiques : les liaisons simples, doubles, triples et aromatiques sont respectivement représentées par les symboles $-$, $=$, et :. Les liaisons simples et aromatiques peuvent ne pas être codées.

Branchements : les intersections entre trois ou plus de trois arêtes sont spécifiées par des parties de code entre parenthèses. Les croisements peuvent être imbriqués ou empilés.

Cycles : les structures en cycles sont représentées par des attributs numériques. Les liaisons sont numérotées par un bit suivant immédiatement le symbole atomique à chaque ouverture et fermeture de cycle.

Aromaticité : un composé aromatique est un composé chimique qui contient un système cyclique respectant la règle d'aromaticité de HÜCKEL[7]. Les structures aromatiques peuvent être distinguées par l'écriture des atomes du cycle aromatique en lettres minuscules.

Plusieurs codes SMILES peuvent représenter le même graphe moléculaire en fonction du point de départ de la codification. Cependant, il existe des méthodes de génération de code SMILES canonique permettant d'avoir une correspondance un à un entre un ensemble

---

7. La règle de HÜCKEL s'exprime ainsi : « Un hydrocarbure est aromatique s'il est plan et s'il possède $4n + 2$ électrons délocalisables dans un système cyclique (où n est un entier naturel). »

de graphes moléculaires et l'ensemble des codes SMILES correspondants [Weininger 89, Weininger 90]. Le tableau 1.2 donne le graphe moléculaire et le code SMILES de *l'acide 2-amino-3-(4-hydroxyphenyl)propanoique*.

Représentations de *l'acide 2-amino-3-(4-hydroxyphenyl)propanoique*	
Graphe moléculaire	
code SMILES	OC(=O)C(N)Cc1ccc(O)cc1

TABLE 1.2 – Graphe moléculaire et code SMILES de *l'acide 2-amino-3-(4-hydroxyphenyl)propanoique*.

Le code SMILES est une représentation condensée d'une structure moléculaire tandis que le graphe moléculaire représente graphiquement la structure d'une molécule.

Ces deux représentations sont utilisées lors de nos travaux. Le graphe moléculaire est employé pour modéliser la structure d'une molécule dans les processus de calcul des méthodes informatiques. Le code SMILES permet de mémoriser les molécules et d'illustrer les différentes données en sortie des méthodes de calcul.

1.3   Évaluation du potentiel toxique d'une molécule

Pour « apprendre » la toxicité, il faut disposer de molécules dont le potentiel toxique a été évalué. Expérimentalement, cette toxicité est établie à partir de tests « in vitro » ou « in vivo ». Dans le paragraphe 1.3.1, nous définissons la notion d'indicateur quantitatif de la toxicité ou de l'écotoxicité sur lesquels repose l'évaluation du potentiel toxique des molécules. Il existe plusieurs indicateurs, chacun prenant en compte un contexte expérimental précis. Le paragraphe 1.3.2 se focalise sur le processus de constitution de bases de molécules en indiquant les grandes phases d'analyses des structures moléculaires permettant d'obtenir la meilleure qualité d'information.

1.3.1   Élaboration d'indicateurs quantitatifs de toxicité

L'étude (éco)toxicologique des composés chimiques s'appuie sur des indicateurs de toxicité permettant de quantifier leur impact sur l'être humain (toxicologie) ou sur l'environnement (écotoxicologie).

Toxicologie Le plus vieux concept d'indicateur quantitatif de la toxicité est la *Dose Létale 50* ou DL_{50} (LD_{50} en anglais pour *Lethal Dose 50*). Il a été inventé par J.W. TREVAN [Trevan 27] en 1927 et permet de classifier tous les produits selon leur nocivité pour l'homme à court et à moyen termes. Il mesure la concentration nécessaire d'une substance pour causer la mort de 50% d'une population animale dans des conditions expérimentales précises. Le choix d'une valeur de 50% provient de l'idée d'exploiter la forme d'une courbe de GAUSS. Elle forme un pic aux alentours de cette valeur : la concentration d'une substance devient plus représentative lorsqu'un seuil est franchi.

L'effet d'une substance est globalement inversement proportionnel à la masse de l'animal à qui elle est administrée, c'est pourquoi cet indicateur est mesuré en milligrammes de matière active par kilogramme d'animal. Plus ce chiffre est petit, plus la substance est toxique. Chaque mesure repose sur un contexte expérimental bien précis défini pour l'espèce étudiée, son sexe, le mode d'introduction dans l'organisme ou encore la durée du contact. Lorsque la toxicité mesurée est semblable chez toutes les espèces d'animaux testées, l'hypothèse est émise qu'elle sera probablement semblable chez les humains. Lorsque les mesures sont différentes chez diverses espèces animales, des approximations et diverses hypothèses permettent d'estimer la dose mortelle probable chez l'homme. L'expertise humaine de ces mesures permet d'élaborer des classes de toxicité. Le tableau 1.3 détaille l'échelle de H.C. HODGE et J.H. STERNER [Hodge 49] de la dose mortelle d'une substance absorbée par voie orale chez le rat (DL_{50}).

Concentration orale chez le rat (DL_{50})	Classe de toxicité	Indice de toxicité
Jusqu'à 1 mg/kg	Extrêmement toxique	1
De 1 à 50 mg/kg	Hautement toxique	2
De 50 à 500 mg/kg	Modérément toxique	3
De 500 à 5 000 mg/kg	Légèrement toxique	4
De 5 000 à 15 000 mg/kg	Presque pas toxique	5
Plus de 15 000 mg/kg	Relativement inoffensif	6

TABLE 1.3 – Échelle de HODGE et STERNER.

Il est usuel de simplifier cette échelle en considérant simplement trois grandes classes de toxicité : fortement toxique lorsque la valeur de DL_{50} est inférieur ou égale à 50 mg/kg, moyennement toxique pour une valeur comprise entre 50 et 5 000 mg/kg et non toxique lorsque la valeur de DL_{50} est supérieur à 5 000 mg/kg.

Écotoxicologie Il existe également des indicateurs dédiés aux problématiques d'écotoxicologie. Certains permettent de mesurer la toxicité d'une substance vis-à-vis d'une espèce précise et pendant une période d'exposition déterminée :

LC_{50}^{96} : la concentration létale 50 chez le poisson donne la concentration de substance dans l'eau conduisant à la mort de 50% d'un groupe de poissons en 96 heures.

EC_{50}^{48} : la concentration effective 50 chez les daphnies[8] donne la concentration de substance dans l'eau pour immobiliser 50% d'une population de daphnies en 48 heures.

---

8. Une daphnie est un petit crustacé zooplanctonique mesurant de un à cinq millimètres, elle est couramment appelée « puce d'eau ».

$\mathbf{LC_{50}^{72}}$: la concentration létale 50 chez les algues donne la concentration de substance dans l'eau pour réduire leur taux de croissance de 50% en 72 heures en comparaison avec un groupe sain non exposé.

En fonction de la valeur de ces indicateurs, les substances testées sont classées selon des *phrases de risques* qui définissent le rang de dangerosité de la substance pour l'environnement. Les critères en application pour les organismes aquatiques sont repris dans le tableau 1.4.

Critères	Phrase de risque		Toxicité pour les organismes aquatiques
	Ancienne	Nouvelle	
$LC_{50}^{96} \leq 1$ mg/l ou $EC_{50}^{48} \leq 1$ mg/l ou $LC_{50}^{72} \leq 1$ mg/l	$R50$	$H400$	Très toxique
1 mg/l $< LC_{50}^{96} \leq 10$ mg/l ou 1 mg/l $< EC_{50}^{48} \leq 10$ mg/l ou 1 mg/l $< LC_{50}^{72} \leq 10$ mg/l	$R51$	$H401$	Toxique
10 mg/l $< LC_{50}^{96} \leq 100$ mg/l ou 10 mg/l $< EC_{50}^{48} \leq 100$ mg/l ou 10 mg/l $< LC_{50}^{72} \leq 100$ mg/l	$R52$	$H402$	Nocif

TABLE 1.4 – Normes pour l'attribution des phrases de risques pour les organismes aquatiques.

Les poissons, les daphnies et les algues sont les trois grandes espèces aquatiques prises en compte lors de l'attribution de la phrase de risque. La valeur la plus petite sur les trois indicateurs définie la toxicité d'une substance. Lorsqu'un des trois indicateurs définit une valeur inférieure ou égale à 1 mg/l, la substance est considérée comme très toxique quelles que soient les valeurs des autres indicateurs.

Un indicateur quantitatif de toxicité doit être considéré avec prudence car il repose sur une étude préliminaire qui peut être influencée par divers facteurs comme l'espèce, le sexe, la durée et le moment d'exposition. Cependant il sert de prémisse à l'étude de propriétés physico-chimiques en chémoinformatique. De plus, le regroupement de molécules annotées par des indicateurs quantitatifs de toxicité dans des bases de données permet d'élaborer des méthodes informatiques de prédiction de toxicité se servant de ces bases pour apprendre des phénomènes toxiques.

1.3.2   Constitution de chimiothèques annotées

Lors de nos travaux, nous avons l'opportunité de travailler sur des données chimiques. Une *chimiothèque* est une base de données de molécules regroupant de quelques dizaines à plusieurs centaines de milliers de molécules. La constitution d'une chimiothèque est extrêmement rigoureuse de part l'importance de l'information stockée : la base de données doit être « nettoyée » de façon à proposer une information précise et sans erreur.

Plusieurs protocoles de nettoyage des bases de données ont été proposés pour obtenir des chimiothèques exploitables. Le nettoyage d'une base de composés chimiques est guidé par l'information qui doit être mise en évidence.

Dans le cadre de l'utilisation des molécules dans des études de relations structure-activité, les travaux présentés dans [Fourches 10] proposent un protocole de nettoyage des structures moléculaires pour la constitution de chimiothèques. La figure 1.1 résume le schéma de l'enchainement des étapes de ce protocole.

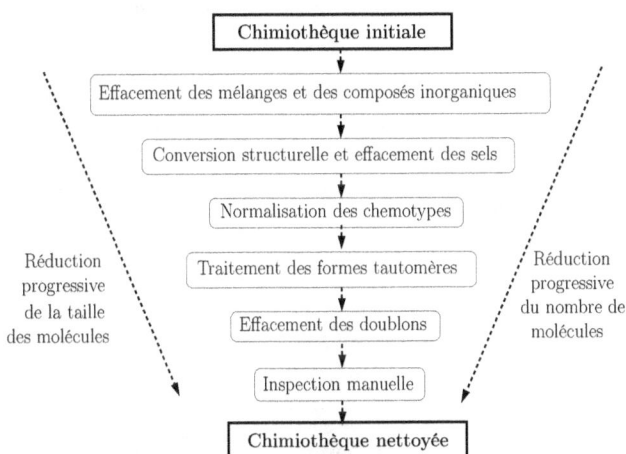

FIGURE 1.1 – Schéma de nettoyage des structures à deux dimensions des substances chimiques d'une chimiothèque.

L'enchaînement de ces six étapes permet de réduire progressivement la taille des molécules mais également la taille de la chimiothèque en mettant la structure 2D des molécules en évidence :

Effacement des composés inorganiques et des mélanges : c'est une étape qui consiste à supprimer les mélanges, les composés inorganiques et les organométalliques. Beaucoup de méthodes utilisées en chémoinformatique ne traitent pas les composés inorganiques car la majorité des descripteurs moléculaires peuvent seulement être calculés depuis des composés organiques.

Conversion structurelle et nettoyage : la structure des molécules est étudiée lors de cette étape afin de supprimer les sels (formes trop communes) et d'effacer les hydrogènes explicites.

Normalisation de chémotypes spécifiques : il arrive souvent que le même groupe fonctionnel soit représenté par différents fragments structurels. De façon à symboliser l'information d'un groupe fonctionnel de la même façon quelle que soit sa représentation, il faut normaliser les chémotypes.

Traitement des formes tautomères : c'est une étape importante car elle réalise le traitement des formes tautomères et la prise en compte des cycles aromatiques. La tautomérie est la transformation d'un groupement fonctionnel en un autre, le plus souvent par déplacement concomitant d'un atome d'hydrogène et d'une liaison double ou triple.

Effacement des composés redondants : chaque composé doit être unique. Il faut donc que la structure chimique d'un composé soit différente des structures chimiques des autres composés de la chimiothèque. Cette étape permet d'effacer les composés doublons.

Vérification manuelle : la dernière étape est optionnelle puisque son exécution dépend fortement de la taille de la chimiothèque. Elle consiste à vérifier les molécules une à une pour compléter les informations manquantes et enlever les dernières erreurs.

En sortie, la chimiothèque est optimisée pour être utilisée dans des études de relation structure-activité.

Ce travail demandant une connaissance experte des molécules, il est naturellement réalisé par des chémoinformaticiens. Grâce à notre collaboration avec le CENTRE D'ÉTUDES ET DE RECHERCHE SUR LE MÉDICAMENT DE NORMANDIE (CERMN), nous avons eu l'opportunité de travailler sur des chimiothèques dont les données ont été préparées pour l'utilisation de graphes moléculaires. L'alimentation des chimiothèques s'effectue à partir de bases de données publiques ou privés (c.f. tableau 1.5).

Nom	Origine	Espèces étudiées	Lien Internet
EPAFHM	US Environmental Protection Agency	*Pimephales promelas*	http://www.epa.gov/ ncct/dsstox/ sdf_epafhm.html
ECBHPV	European Chemicals Bureau	*Pimephales promelas* *Daphnia magnia* *Selenastrum capricornutum*	http://ecb.jrc.ec. europa.eu/ documentation
RTECS	US National Institute for Occupational Safety and Health	*Rattus norvegicus*	http://www.cdc.gov/ niosh/rtecs/ default.html

TABLE 1.5 – Exemples de bases de molécules disponibles sur le web.

La base de données EPAFHM [EPAFHM 08] propose une base de molécules annotées avec l'indicateur LC_{50}^{96} sur l'espèce *Pimephales promelas* [9]. Pour ECBHPV [ECBHPV 08], les annotations correspondent aux indicateurs LC_{50}^{96} pour *Pimephales promelas*, EC_{50}^{48} pour *Daphnia magnia* [10] et LC_{50}^{72} pour *Selenastrum capricornutum* [11]. Enfin la chimiothèque RTECS [RTECS 10] propose une base de molécules annotées avec l'indicateur DL_{50} sur

---

9. *Pimephales promelas* dénomme une espèce de poissons.
10. *Daphnia magnia* dénomme un espèce de daphnies.
11. *Selenastrum capricornutum* dénomme une espèce d'algues.

l'espèce *Rattus norvegicus* [12].

Le lien web permet de récupérer (libre ou payant) la base de données brute. Le tableau 1.6 dresse une liste des bases de données exploitées et traitées comme décrit précédemment par le CERMN dans le cadre de nos travaux aux chapitres 3 et 4.

Nom	Nombre de de composés chimiques	Nombre de classes de toxicité	Taille moyenne des composés chimiques (en nombre d'atomes)
B^{580}_{EPAFHM}	580	4	10,6
B^{564}_{ECBHPV}	564	2	14,3
$B^{10\ 830}_{RTECS}$	10 830	6	19,02

TABLE 1.6 – Description des chimiothèques utilisées lors de nos travaux.

Les bases de données B^{580}_{EPAFHM} et B^{564}_{ECBHPV} regroupent des centaines de molécules annotées en écotoxicité. La base $B^{10\ 830}_{RTECS}$ regroupe plus de 10 000 molécules annotées avec DL_{50} sur *Rattus norvegicus* et offre un terrain appréciable pour l'application de nos méthodes. Les bases d'écotoxicité contiennent des molécules pouvant atteindre 60 atomes tandis que la base de toxicité possède des molécules avec plus de 200 atomes.

Notre collaboration avec le CERMN nous permet d'utiliser des chimiothèques variées et de qualité pour l'application de méthodes utilisant les graphes moléculaires. L'établissement de classes de toxicité est une information indispensable dans l'optique de la création de systèmes de prédiction de toxicité. L'utilisation de plusieurs indicateurs différents favorise la séparation entre les propriétés toxicologique et les propriétés écotoxicologique des molécules.

1.4 Utilisation de descripteurs moléculaires

Les chimiothèques regroupant des structures moléculaires jouent un rôle grandissant dans la recherche moderne en chimie : les structures chimiques intègrent diverses données biologiques et constituent un maillon centrale de l'étude de propriétés toxiques. Le paragraphe 1.4.1 présente les *descripteurs moléculaires* qui sont fortement utilisés en chémoinformatique et qui reposent sur la structure des molécule. Ils permettent notamment d'établir des mesures de similarité entre les molécules. Dans le paragraphe 1.4.2, nous présentons la méthode utilisée majoritairement en chémoinformatique pour établir une relation entre la structure d'une molécule et son activité biologique. La paragraphe 1.4.3 introduit un principe récent de classification fondé sur la notion d'émergence développée en fouille de données.

---

12. *Rattus norvegicus* dénomme une espèce de rats.

1.4.1   Descripteurs moléculaires et mesures de similarité

Une molécule peut être représentée par un ensemble d'attributs numériques appelés *descripteurs moléculaires*. Ces descripteurs caractérisent les propriétés électroniques, hydrophobes, stériques [13] et topologiques des molécules [Verma 11]. Le livre de R. Todeschini et V. Consonni intitulé « Molecular Descriptors for Chemoinformatics » paru en 2009 propose une liste alphabétique de plus de 3 300 descripteurs et 6 000 références bibliographiques sur les descripteurs moléculaires sélectionnées dans 450 journaux [Todeschini 09]. Les descripteurs moléculaires peuvent être divisés en deux grandes catégories [Lozano 10a] : les descripteurs expérimentaux (p.e. le $logP$ [14] [Hansch 95]) et les descripteurs moléculaires théoriques. Ces derniers sont à nouveaux classés en trois catégories en fonction de leur dimension [Hong 08] :

1D : descripteurs représentant diverses propriétés calculées à partir de la formule brute de la molécule (e.g. nombre d'atomes, poids moléculaire).

2D : descripteurs présentant l'information structurelle pouvant être calculée à partir de la structure en deux dimensions d'une molécule (e.g. nombre de cycle de benzène).

3D : descripteurs représentant l'information dérivée de la représentation en trois dimensions des molécules (e.g. surface et volume moléculaire).

Ces descripteurs moléculaires jouent un rôle important puisqu'ils permettent de représenter des structures moléculaires avec des informations reconnues comme importantes. Il est ensuite possible d'établir des mesures de similarité entre des structures moléculaires en se basant sur leurs descriptions.

Mesures de similarité   Une molécule peut être représentée par un ensemble de descripteurs moléculaires que nous appellerons son *vecteur de description*. Nous nous plaçons ici dans le cas où ces vecteurs contiennent des valeurs binaires indiquant la présence ou l'absence de descripteurs. Par exemple plutôt que d'avoir un descripteur intitulé « valeur de $logP$ » et d'obtenir un vecteur avec la valeur continue du $logP$ de la molécule, nous utilisons un descripteur intitulé « valeur de $logP$ entre x et y » et nous obtenons un vecteur avec un 1 si la valeur de $logP$ de la molécule correspondante est entre x et y ou 0 si elle ne l'est pas. Lorsque deux molécules sont respectivement représentées par deux vecteurs de description, il est possible d'établir une mesure de similarité entre elles par comparaison de leur vecteur descripteur respectif. Les travaux de [Willett 98] donnent les mesures de similarité les plus utilisées en chémoinformatique, le tableau 1.7 en présente quelques unes. Pour faciliter leur écriture, nous posons : (i) a pour le nombre d'éléments à 1 dans le vecteur A de la première molécule, (ii) b pour le nombre d'éléments à 1 dans

---

13. Chaque atome contenu dans une molécule occupe un certain espace. L'effet stérique provient du rapprochement de certains atomes lorsqu'il y a chevauchement des nuages électroniques. Le coût énergétique alors demandé affecte la forme normale de la molécule ainsi que ses propriétés lors d'une réaction chimique.

14. Le *LogP* est une mesure de la solubilité différentielle de composés chimiques dans deux solvants (coefficient de partage octanol/eau).

le vecteur B de la deuxième molécule, (iii) c le nombre d'éléments communs à 1 dans les deux vecteurs descripteurs A et B.

Nom de la mesure	Expression mathématique
Distance de Hamming	$D_{A,B} = a + b - 2c$
Coefficient de Tanimoto	$C_{A,B} = \frac{c}{a+b-c}$
Distance de Soergel	$D_{A,B} = \frac{a+b-2c}{a+b-c}$
Coefficient de Dice	$C_{A,B} = \frac{2c}{a+b}$
Coefficient de Cosine	$C_{A,B} = \frac{c}{\sqrt{ab}}$

TABLE 1.7 – Exemple de mesures de similarités utilisées en chémoinformatique.

Le coefficient de TANIMOTO est le plus utilisé en chémoinformatique [Holliday 03, Whittle 04]. Cependant les travaux de [Dixon 99, Lajiness 97] constatent des résultats biaisés pour les petites molécules lorsque des analyses de diversité sont effectuées. Cela vient de la non prise en compte du nombre d'éléments communs à 0 dans les deux vecteurs descripteurs : les petites molécules sont désavantagées par rapport aux grandes car elles ont moins de possibilités d'avoir des éléments en commun.

L'utilisation classique des mesures de similarité consiste à comparer le vecteur d'une molécule cible avec le vecteur de chaque molécule d'une base. Les molécules de la base sont alors classées par ordre de similarité décroissante. Il en résulte, en sortie, une liste triée dans laquelle les structures des molécules les plus similaires à la structure cible, appelées les plus proches voisines, sont placées en tête de liste. Ces plus proches voisines sont les structures qui semblent avoir le plus grand intérêt pour l'utilisateur. La sortie peut différer en fonction de la mesure de similarité choisie.

Les descripteurs moléculaires sont généralement très utilisés pour le calcul de mesures de similarité. Cependant ils peuvent être également utilisés en complément dans des méthodes de fouille de données ou d'apprentissage automatique. Le plus souvent, il s'agit d'appliquer sur ces données tabulaires des classifieurs performant comme les Support Vector Machine (SVM), les réseaux de neurones ou encore les classifieurs bayésiens. Nous verrons au chapitre 4 que nous proposons d'utiliser des descripteurs représentant la structure 2D des molécules.

1.4.2 Modélisation de la relation structure-activité

Il existe en chémoinformatique des modèles « in silico » mettant en relation la structure d'une molécule avec son activité biologique. Certains modèles, appelés *modèles* QUAN-TITATIVE STRUCTURE-ACTIVITY RELATIONSHIP*s (QSARs)*, permettent de quantifier

cette relation et d'apprécier l'impact de diverses propriétés physico-chimiques sur l'activité biologique. Les premiers travaux utilisant ces modèles datent de 1962 et continuent
d'évoluer encore aujourd'hui [Willett 11].

L'élaboration d'un modèle QSAR repose sur l'utilisation de descripteurs moléculaires
pour représenter les propriétés des molécules. Comme nous l'avons vu dans le paragraphe 1.4.1, ces descripteurs sont soient (i) le résultat de procédures mathématiques
qui transforment l'information chimique en une valeur numérique ou soient (ii) le résultat de mesures expérimentales sur ces molécules. D'une manière générale la formulation
mathématique des QSARs suit l'équation 1.1.

$$log(\tfrac{1}{C}) = b_0 + \sum_i b_i f(D_i)$$

Équation 1.1: Formulation générale des QSARs.

Dans cette équation, C est la concentration de substance nécessaire pour obtenir une
reponse biologique, b_0 est une constante, b_i est un coefficient et D_i est un descripteur
moléculaire.

Les relations QSARs les plus connues ont été introduites par C. HANSH et T. FU-
JITA [Hansch 62, Hansch 64]. Une des équations les plus utilisées (c.f. équation 1.2) pré-
sume que les propriétés physiques responsable de l'activité biologique peuvent être sé-
parées en trois catégories : (i) une composante hydrophobique (π), (ii) une composante
électronique (σ) et (iii) une composante stérique (E_S, RM).

$$log(\tfrac{1}{C}) = a + b\pi + c\pi^2 + dE_S + eRM + f\sigma$$

Équation 1.2: Équation QSAR classique de C. HANSCH et T. FUJITA.

Dans cette équation, b, c, d, e et f sont des coefficients dépendants du récepteur et
déterminés durant l'étude QSAR, π, E_S, RM et σ sont des paramètres fonctions des
substituants et non du récepteur.

Un nouvel élan a été donné à l'élaboration des modèles QSARs par l'introduction :
- de nouveaux descripteurs qui tiennent comptent de la conformation (position spa-
  tiale), des interactions électrostatiques, stériques et hydrophobiques.
- de paramètres plus fondamentaux provenant de la chimie quantique tels que l'én-
  ergie de transition HOMO-LUMO, le potentiel électrostatique et le moment dipo-
  laire permettant de mieux décrire l'activité biologique en termes de comportement
  électronique.
- d'autres types de paramètres plus abstraits, tels que les indices topologiques reposant
  sur la théorie des graphes [Jiang 03].

La capacité de prédiction d'un modèle QSAR est essentielle [Benigni 08]. Pour cette
raison, l'évaluation des prédictions fait partie intégrante du processus de construction

d'un modèle. Ainsi, les méthodes statistiques utilisées pour tester le modèle et l'utilisation à bon escient des descripteurs structurels sont deux points cruciaux dans l'élaboration d'un modèle QSAR. De même, il est important de définir le domaine d'application d'un modèle QSAR sous peine d'obtenir de nombreuses mauvaises prédictions [Horvath 09]. La qualité de prédiction d'un modèle QSAR est fortement dépendante du *mode d'action* [15] [Raimondo 10].

La création d'un modèle QSAR repose principalement sur trois notions [Lozano 10a] : (i) la précision des prédictions du modèle, (ii) la définition du domaine d'application et (iii) l'estimation de la marge d'erreur. Ils permettant d'apprendre beaucoup de connaissances sur les molécules tout en réduisant au maximum les coûts d'études. Ils peuvent notamment être considérés comme un outil essentiel dans la découverte de médicaments [Hajjo 10]. Cependant ils sont limités par (i) la nécessité de disposer d'un grand jeu d'apprentissage pour leur élaboration et (ii) le fait que leur performance est souvent influencée par le choix des données.

Nous proposons dans le chapitre 4 une comparaison entre une méthode de fouille de graphes élaborée pour réaliser des prédictions de toxicité et un modèle QSAR.

1.4.3 Les motifs chimiques émergents

Un *motif chimique émergent*, de l'anglais EMERGING CHEMICAL PATTERN (ECP), est une conjonction de descripteurs moléculaires qui apparait fréquemment dans une classe de molécules et peu fréquemment dans une autre classe [Auer 06]. La qualification de motif émergent provient d'une notion établie en fouille de données et présentée dans la section 2.2.1 du chapitre 2. Leur découverte repose sur un apprentissage automatique effectué à partir d'un ensemble de molécules décrites par des descripteurs moléculaires.

Donnons un exemple à partir de la base de données représentée par le tableau 1.8.

Classe	Molécule	Poids moléculaire			logP		
		[0,310[	[310,412[	[412,∞[	]-∞,2.44[	[2.44,4.24[	[4.24,∞[
Active	MOL_1			x	x		
	MOL_2	x			x		
	MOL_3	x			x		
	MOL_4		x		x		
Inactive	MOL_5			x			x
	MOL_6	x			x		
	MOL_7			x	x		
	MOL_8			x	x		

TABLE 1.8 – Exemple de données servant au calcul de motifs chimiques émergents.

Ce tableau décrit huit molécules selon deux classes : active et inactive. Chaque molécule est caractérisée selon deux descripteurs moléculaires : le poids moléculaire et le *logP*. Ces

---

15. Le *mode d'action* (MOA) d'une molécule est l'interaction biochimique à travers laquelle une substance produit un effet pharmacologique.

descripteurs étant initialement continus, ils sont discrétisés en trois valeurs. À partir de ces données, le motif chimique $\{[0, 310[,] - \infty, 2.44[\}$ a une fréquence de $\frac{2}{4} = 50\%$ dans la classe active et une fréquence de $\frac{1}{4} = 25\%$ dans la classe inactive. Son taux de croissance (qui définit la notion d'émergence) est le rapport entre la fréquence dans la classe active et la fréquence dans la classe inactive, soit $\frac{50}{25} = 2$ il est deux fois plus présent dans les molécules actives que dans les molécules inactives. Ce rapport étant supérieur à 1, il est ainsi considéré comme émergent dans la classe active.

Les travaux de J. AUER et J. BAJORATH présentés dans [Auer 08] utilisent les motifs chimiques émergents afin de développer une nouvelle méthode de classification pouvant être appliquée dans des situations où les données d'apprentissage sont peu nombreuses. Par exemple une règle de prédiction simple est de dire que si une molécule possède un ECP qui a une forte fréquence dans une classe et une basse fréquence dans une autre, la classe avec la plus haute fréquence est assignée à la molécule. Les motifs émergents peuvent être utilisés pour construire différents classifieurs et sont introduits comme une nouvelle approche de la classification moléculaire. Ils permettent également la classification de molécules selon différents niveaux de toxicité.

Du point de vue de la fouille de données, nous revenons sur cet aspect à la section 2.2.1 du chapitre 2. Au chapitre 4, nous proposons une méthode permettant d'extraire automatiquement les motifs émergents composé de sous-structures connexes de molécules. Ceux-ci sont utilisés dans un processus de prédiction en écotoxicologie.

1.5   Description et utilisation de la structure moléculaire

Certaines méthodes d'extraction de connaissances dans une base de molécules utilisent la structure moléculaire en deux dimensions, donc le graphe moléculaire (c.f. définition 1.2.1 à la section 1.2), comme support principal de l'information contenue dans une molécule [Willett 98]. Dans le paragraphe 1.5.1, nous donnons l'historique ainsi que les principales méthodes utilisées pour rechercher des structures moléculaires dans une base de graphes moléculaires. La recherche de sous-structures moléculaires intéressantes est abordée et détaillé dans le paragraphe 1.5.2. Enfin, le paragraphe 1.5.3 se focalise sur un type bien précis de structures moléculaires : les structures d'alertes.

1.5.1   Recherche de structures moléculaires

Au début des années 50, il y a eu un fort engouement pour l'extraction de connaissances à partir de la structure des molécules [Barnard 93]. A l'instar de l'évolution des méthodes permettant cette recherche, notamment les progrès algorithmiques et la montée en puissance du matériel informatique, les informations ciblées par ces recherches ont elles aussi évolué, comme nous allons le voir. Ces méthodes utilisent le graphe moléculaire pour représenter la structure des molécules.

Recherche d'une molécule dans une base de molécules

Cette recherche est la plus simple car elle consiste à sélectionner une molécule dans une chimiothèque. La figure 1.2 représente un exemple d'une base de graphes moléculaires $\mathcal{D}$ constituée de 5 graphes moléculaires pouvant chacun être à la fois requête et cible de la recherche.

Ensemble de graphes moléculaires $\mathcal{D}$

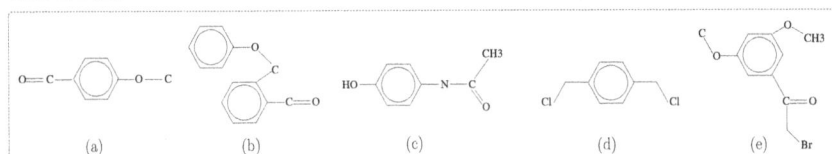

FIGURE 1.2 – Exemple de la base de graphes moléculaires $\mathcal{D}$.

Recherche de fragments moléculaires

Un autre type de recherche a pour but d'identifier une sous-structure requête dans un ensemble de molécules et d'extraire les molécules contenant cette sous-structure. Pour plus de simplicité pour la suite de la lecture du manuscrit, nous introduisons les notions de *fragments moléculaires* (définition 1.5.1) et de *motifs de fragments moléculaires* (définition 1.5.2).

Définition 1.5.1 (Fragment moléculaire) *Un* fragment moléculaire *est une sous-structure connexe d'une molécule.*

Comme nous le verrons dans le chapitre 2, un fragment moléculaire correspond à un *graphe connexe* dans le domaine de la fouille de graphes.

Définition 1.5.2 (Motif de fragments moléculaires) *Un* motif de fragments moléculaires *est un ensemble de fragments moléculaires. Aucune contrainte n'est fixée sur le positionnement d'un fragment par rapport à un autre.*

La figure 1.3 illustre l'exemple de la recherche d'un fragment moléculaire $FRAG$ dans l'ensemble de graphes moléculaires $\mathcal{D}$ (c.f. figure 1.2).

Dans l'ensemble de graphes moléculaires $\mathcal{D}$, seuls les graphes (a), (b) et (e) possèdent en leur sein le graphe moléculaire requête $FRAG$. Notons que le résultat de la recherche aurait été exactement le même si au lieu d'utiliser le fragment $FRAG$ comme requête nous avions utilisé le motif de fragments moléculaires composé (i) d'un cycle de carbone

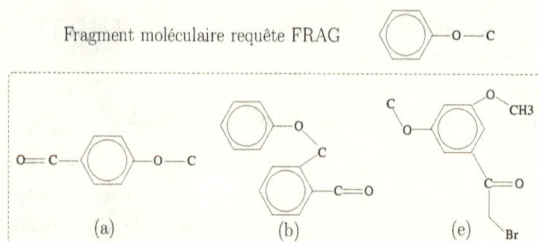

FIGURE 1.3 – Recherche de molécules dans $\mathcal{D}$ avec un fragment moléculaire requête.

en situation aromatique et (ii) d'un atome de carbone en situation aliphatique relié par une liaison simple à un atome d'oxygène.

Pour faciliter le calcul requis pour la recherche de fragments moléculaires, certaines méthodes visitent uniquement les atomes liés à ceux déjà correctement identifiés plutôt que de parcourir tous les atomes du graphe. D'autres méthodes effectuent une séparation de l'ensemble des sommets d'un graphe moléculaire en plusieurs sous-ensembles afin d'accélérer le processus d'identification. Enfin, l'utilisation de clés décrivant les caractéristiques structurelles des graphes moléculaires permet d'effectuer un crible efficace.

La plus grande sous-structure commune

La plus grande sous-structure commune, appelée en anglais Maximum Common Substructure (MCS), entre deux graphes moléculaires est le fragment moléculaire le plus grand et présent dans les deux graphes [Levi 73]. Généralement, on mesure la taille d'une structure en comptant le nombre d'atomes ou le nombre de liaisons chimiques présentes dans celle-ci [Wang 97]. Il existe différents domaines d'application pour les MCSs comme par exemple l'étude de la relation structure-activité [Sheridan 06] ou encore la recherche de similarité entre molécules [Luque Ruiz 05]. Dans le domaine de la recherche de médicaments, l'approche MCS est également utilisée pour l'identification de *pharmacophores* [16] depuis un ensemble de molécules [Catana 09].

La figure 1.4 donne l'exemple du résultat de la recherche de la plus grande sous-structure commune dans la base de graphes moléculaires $\mathcal{D}$ (c.f. figure 1.2).

FIGURE 1.4 – Plus grande sous-structure commune dans $\mathcal{D}$

---

16. Un *pharmacophore* est l'ensemble des motifs chimiques portés par une molécule et responsables de son activité biologique.

Le fragment moléculaire représentant le cycle de six carbones en situation aromatique est la MCS extraite de $\mathcal{D}$ car elle capture le plus grand chevauchement entre les
graphes moléculaires de $\mathcal{D}$. Une des applications de la MCS est l'élaboration de mesures
de similarité car elle indique le degré de similarité entre les structures des molécules. La
valeur de la similarité associée à la MCS représente la part de la MCS dans les molécules
testées [Raymond 02, Cuissart 02, Schietgat 09].

Les travaux réalisés dans [Hariharan 10] garantissent de trouver la MCS de toute
une chimiothèque. Sur la plupart des familles de molécules, cet algorithme s'est avéré
très rapide. Pour les familles où l'algorithme s'exécute de façon plus lente, l'ajout d'une
méthode heuristique permet de fournir une solution réalisable au détriment de l'assurance
d'obtenir la plus grande sous-structure commune. Le dernier point important des travaux
de [Hariharan 10] est qu'ils peuvent être utilisés pour réaliser un regroupement hiérar-
chique des molécules. Au final, la méthode est très flexible car elle s'adapte aux critères
utilisés pour définir le type de la plus grande structure commune.

Dans la partie suivante, nous exposons des méthodes utilisées en chémoinformatique
permettant la découverte de fragments de molécules.

1.5.2 Découverte des fragments moléculaires intéressants

Depuis quelques années, les nouveaux défis du domaine portent sur la capacité à faire
ressortir automatiquement de nouveaux fragments. L'avantage des méthodes automatiques est de découvrir des fragments moléculaires propres à des base de molécules sans
nécessité a priori de connaissances expertes [Nicolaou 06]. Dans le contexte de la fouille
de bases de réactions chimiques, F. PENNERATH a montré l'intérêt des fragments moléculaires qui, combinés à une fonction de score définie par l'utilisateur, extrait les motifs
représentatifs des données et non-redondants d'un point de vue structurel [Pennerath 09].

Les méthodes de découverte automatique de fragments moléculaires jouent un rôle de
plus en plus important dans la mise au point de médicaments [Borgelt 05a]. Un des objectifs majeurs est l'extraction de propriétés structurelles afin de déterminer si une molécule
est active ou inactive. Il est possible de classer les méthodes automatiques d'extraction
de fragments moléculaires selon leur principe d'élagage des fragments candidats non intéressants. Il en résulte trois catégories : (i) l'élagage fondée sur la taille des fragments,
(ii) l'élagage fondée sur la fréquence des fragments et (iii) l'élagage fondée sur la structure des fragments. L'élagage fondé sur la taille empêche les fragments trop gros ou trop
petits d'être générés tandis que l'élagage fondé sur la fréquence empêche les fragments
pas assez fréquents d'être générés. L'élagage fondé sur la structure des fragments est plus
compliqué car il repose sur un ensemble de règles qui définissent un ordre sur l'occurrence
d'un fragment dans la base de molécule et évite ainsi la multiple construction d'un même
fragment [Borgelt 02].

Dans le cadre de nos travaux nous nous intéressons aux méthodes élaguant les fragments moléculaires selon leur fréquence. Le mode opératoire de ces méthodes correspond

à un appariement entre graphes et repose sur des problématiques définies en fouille de graphes (les détails calculatoires sont présentés au chapitre 2).

Les travaux réalisés dans [Kazius 06] utilisent un extracteur automatique de fragments moléculaires fréquents. L'objectif consiste à extraire les fragments qui apparaissent un certain nombre de fois dans une base de graphes moléculaires. En effet la répétition d'un fragment dans plusieurs graphes peut témoigner d'une caractéristique structurelle influençant les propriétés des molécules. Aucune contrainte autre que la fréquence n'est appliquée sur les fragments moléculaires à extraire : ils peuvent être de n'importe quelle taille et de n'importe quelle forme. La figure 1.5 donne un exemple de la recherche de fragments moléculaires fréquents en exposant des exemples de fragments moléculaires fréquents ainsi que leurs fréquences (notée f) dans $\mathcal{D}$ (c.f. figure 1.2). Pour cet exemple nous avons fixé la fréquence minimale (f_{min}) à 50%.

Exemple de fragments moléculaires fréquents ($f_{min} = 50\%$)

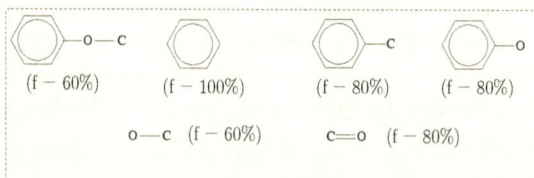

FIGURE 1.5 – Recherche de fragments moléculaires fréquents dans $\mathcal{D}$.

La multiple apparition d'un fragment dans un même graphe moléculaire n'est pas prise en compte. Le fragment moléculaire représentant un cycle aromatique composé de six carbones relié à un atome d'oxygène apparaît dans quatre molécules sur cinq dans $\mathcal{D}$: sa fréquence est de $\frac{4}{5} = 80\%$. Les travaux réalisés dans [Kazius 06] ont également amené une nouvelle représentation chimique. Celle-ci se base sur la hiérarchie atomique qui définit un atome central comme racine auquel sont rattachés les symboles atomiques des atomes adjacents. Cette racine remplace l'atome original dans la graphe moléculaire permettant ainsi une description plus étendue de chaque partie de la structure de la molécule. L'objectif de cette nouvelle représentation est de considérer des caractéristiques générales ou spécifiques des molécules lors de la recherche de fragments moléculaires.

Citons deux autres travaux importants dans ce domaine. Tout d'abord, MOLFEA [Kramer 01] est un algorithme de recherche permettant d'extraire les fragments moléculaire linéaire (un atome ne peut être relié qu'à deux autres atomes au maximum) qui sont fréquents dans un ensemble de graphes positifs et non fréquents dans un ensemble de graphes négatifs. Ensuite, MOSS [Borgelt 05b] est un programme dédié à la recherche de fragments moléculaires, appelés *discriminative fragments*, caractérisés comme des fragments discriminatoires. Un tel fragment a une fréquence supérieure à un seuil dans un ensemble de graphes positifs et une fréquence inférieure à un autre seuil dans un ensemble de graphes négatifs.

Enfin, d'autres méthodes récentes sont fondées sur l'utilisation de représentations plus précises de la structure des molécules. Généralement cela consiste à ajouter l'information accumulée par les chimistes sur les groupes fonctionnels dans les graphes moléculaires, cette connaissance n'étant pas indiquée par défaut. La méthode développée dans [Grave 10] permet d'incorporer cette connaissance par l'ajout de sommets dont les arêtes correspondent à chaque groupe fonctionnel ou cycle aromatique identifié dans la molécule.

1.5.3 Structures d'alerte

Une *structure d'alerte* est un fragment ou un motif de fragments moléculaires associé à une propriété chimique [Ashby 85]. Comme nous nous intéressons ici à la toxicité des molécules, nous sommes intéressés par les structures d'alerte responsables du comportement toxique des molécules. L'identification de telles structures n'est pas aisée de part la complexité du phénomène de toxicité comme nous l'avons déjà souligné au début de ce chapitre. Par exemple, dans le corps humain, une substance toxique exerce sa toxicité par interaction avec une biomacromolécule [Williams 06]. Certaines interactions provoquent des changements dans la biochimie et la physiologie cellulaire normale introduisant ainsi des effets toxiques. Le phénomène de toxicité peut également provenir d'une transformation de la molécule de départ en une molécule plus réactive capable de se lier de façon covalente dévoilant ainsi son potentiel toxique. On retrouve le même type d'interaction toxique entre certaines molécules et l'environnement.

Dans les travaux de [Kazius 05], les propriétés toxiques d'une molécule sont clairement associées à sa structure moléculaire. Toute la structure de la molécule n'est pas engagée dans ces phénomènes d'interaction et de transformation mais uniquement certains fragments ou motifs de fragments moléculaires. Lorsque la présence de fragments ou de motifs de fragments moléculaires influence directement la toxicité d'une substance chimique, ils sont appelés *toxicophores* (définition 1.5.3).

Définition 1.5.3 (Toxicophore) *Un* toxicophore *est un fragment ou un motif de fragments moléculaires considéré comme responsable direct des propriétés toxiques d'une substance chimique.*

Aucune interaction ou activation du toxicophore n'est nécessaire pour observer le potentiel toxique de la molécule qui le contient. On peut distinguer deux types de toxicophores : les fragments moléculaires et les motifs de fragments moléculaires. Les fragments moléculaires permettent d'identifier des sous-structures connexes de molécule tandis que l'usage de motifs de fragments moléculaires identifie des conjonctions de sous-structures connexes de molécule. Les toxicophores sont notamment utilisés comme structures d'alerte pour informer de la possible toxicité d'une molécule.

Exemple d'utilisation des toxicophores   Le système expert DEREK a été conçu en 1989 [Ridings 96, Greene 97]. Il utilise des connaissances expertes humaines pour évaluer le mécanisme d'interaction biologique en tenant compte des propriétés moléculaires, des données biologiques et des structures chimiques. DEREK permet notamment de mettre au point des relations entre les structures moléculaires et les activités biologiques. Ces relations sont utilisées comme outils de prédiction. Lorsqu'un utilisateur fournit une molécule, le système analyse sa structure pour la recherche de toxicophores connus. Lorsqu'une telle structure est identifiée, le système indique à l'utilisateur que la molécule en entrée contient une structure d'alerte et est susceptible d'influencer la toxicité de la molécule. L'avantage de ce système est qu'il est fondé sur la compréhension des processus d'interactions moléculaires qui déterminent l'activité. Cependant il est restreint à la connaissance humaine, étant incapable de découvrir de nouvelles relations automatiquement.

La figure 1.6 illustre un exemple de présence d'un toxicophore au sein d'un composé chimique.

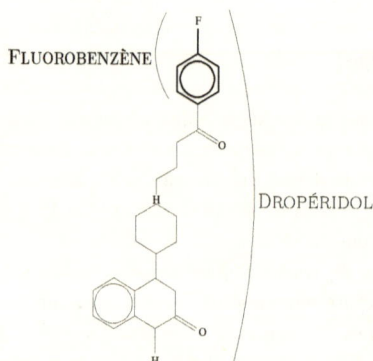

FIGURE 1.6 – L'influence toxique du FLUOROBENZÈNE au sein du DROPÉRIDOL.

Le DROPÉRIDOL est un antidopaminergique utilisé comme antiémétique et antipsychotique. Il est également souvent utilisé pour l'anesthésie et la sédation neuroleptanalgesique dans le traitement de soins intensifs. Utiliser un dosage de DROPÉRIDOL supérieur à 5 mg lors d'une injection est dangereux pour la santé. Ces effets toxiques sont dus à la présence du FLUOROBENZÈNE, qui est un dérivé du benzène avec ajout d'un atome de fluor.

Un certain nombre de toxicophores ont déjà été identifiés dans la littérature. La connaissance des toxicophores et les méthodes permettant d'en découvrir de nouveaux permettent la constitution de bases de toxicophores.

Au chapitre 4, nous proposons une méthode d'extraction automatique de toxicophores. Cette méthode extrait, en fonction de la base de molécules en entrée, des fragments susceptibles d'influencer la toxicité ou l'écotoxicité des molécules.

1.6 Apports de l'informatique en toxicologie

La recherche de fragments ou de motifs de fragments moléculaires consiste en l'application de méthodes de fouille de données portant sur des graphes moléculaires. Ces dernières permettent une découverte automatique de connaissances contribuant à la mise en évidence de toxicophores sans connaissances humaines à priori. La validation de ces fragments nécessite ensuite l'avis d'experts en toxicologie.

A l'image des motifs chimiques émergents, les motifs émergents reposant sur les fragments moléculaires développés au chapitre 3 permettent l'élaboration de méthodes de prédiction de toxicité. Cependant, le type de descripteurs utilisés pour les motifs chimiques émergents diffère de celui des motifs émergents constitués avec des fragments moléculaires. Les descripteurs moléculaires utilisés pour les motifs chimiques émergents décrivent une molécule en indiquant un certain nombre de caractéristiques (p.e. $logP$, poids moléculaire) alors que les fragments moléculaires donnent des informations sur la structure en deux dimensions de la molécule.

Les méthodes présentées dans ce manuscrit contribuent à la détection et l'extraction automatique de toxicophores en exploitant la structure de la molécule. L'ensemble des motifs produits, reposant sur les motifs émergents de fragments moléculaires, est analysable par un expert. Les méthodes de prédiction de toxicité que nous développons au chapitre 4 sont issues de données de toxicité et d'écotoxicité : elles contribuent ainsi à l'établissement des informations de toxicité et d'écotoxicité demandées par la norme européenne REACH.

Chapitre 2

Fouille de données à partir de graphes

Sommaire

La fouille de graphes permet d'exploiter des données complexes et représentées par des graphes. Bien que le format des données soient différentes, la fouille de graphes poursuit le même objectif que la fouille de données : découvrir de l'information utile. Ce chapitre présente un état de l'art des méthodes de fouille de données et de graphes sur lesquelles nous nous appuyons pour proposer nos contributions aux chapitres 3 et 4. Après un bref rappel sur l'extraction de motifs, nous introduisons la fouille de données sous contraintes qui permet de mieux cibler l'information recherchée, puis les représentations condensés de motifs dont le but est de synthétiser l'information extraite. Nous utilisons par la suite ces approches pour extraire des motifs émergents caractérisant les propriétés d'un jeu de données par rapport à un autre et la construction de modèles de prédiction. Ce chapitre montre aussi la principale difficulté de l'extension aux graphes des méthodes de fouille de données décrites sous format transactionnel (aussi appelés fouille de données ensemblistes), à savoir, l'appariement entre graphes qui est nettement plus compliqué que l'appariement entre motifs ensemblistes.

2.1   Le graphe pour représenter une donnée structurée

Le graphe est un outil naturel en informatique pour représenter une donnée structurée. Ces dernières années, beaucoup de travaux ont porté sur la fouille de données structurées comme les textes HTML et XML, les séquences ou encore les arbres ordonnés [Washio 03]. Un objectif important de la fouille de graphes, est d'extraire des motifs, appelés sous-graphes, caractérisés par des mesures telle que la fréquence ou des informations d'entropie. La fouille de graphes a un très grand potentiel pour de nombreuses applications pratiques puisqu'on trouve dans de nombreux domaines comme par exemple la biologie, la chimie et les réseaux de communication des données structurées sous forme de graphes.

Citons deux travaux pionniers qui sont à la source de nombreux développements de travaux portant sur la fouille de graphes [Washio 03] :

SUBDUE [Cook 94] : permet l'extraction de sous-graphes en se basant sur l'utilisation du principe de la description de longueur minimum. Par compression des données originelles, de multiples itérations de l'algorithme permettent d'extraire les sous-graphes formant les régularités structurelles des graphes de la base de données étudiée. Sa particularité est d'autoriser de petites variations entre les sous-graphes extraits et les graphes originaux. D'autres contraintes additionnées à la description de longueur minimum peuvent être utilisées pour guider la recherche vers des sous-graphes mieux appropriés.

GBI [Yoshida 94] : a pour objectif de résoudre une variété de problèmes d'apprentissage par assemblage de différents problèmes d'apprentissage dans des graphes orientés. Il utilise la notion d'arrachement de paires de sommets qui est une technique de compression de graphes. Cette compression est réalisée jusqu'à ce que la taille du graphe atteigne un minimum. Les arrachements peuvent être imbriqués et comme l'algorithme garde en mémoire les compressions effectuées, le graphe complet peut être régénéré à tout moment.

Nous verrons lors de ce chapitre que de nouvelles difficultés majeures rencontrées en fouille de graphes concernent l'appariement entre deux graphes comme les tests d'égalité et d'inclusion.

Plan de lecture du chapitre   Nous débutons ce chapitre (section 2.2) en introduisant les termes et concepts fondamentaux en fouille de données pour l'extraction de motifs locaux sous contraintes et les techniques usuelles pour élaguer l'espace de recherche. Pour faire face au grand nombre de motifs produits, la communauté a développé des techniques telles que les représentations condensées qui réduisent l'ensemble des motifs, tout en conservant la possibilité de tous les régénérer. Ces dernières sont exposées à la section 2.3. La classification supervisée, qui donne lieu à de nombreuses applications pratiques comme nous l'avons vu à la section 1.1 au chapitre 1, est un des usages des motifs et la section 2.4 propose une synthèse des techniques exploitant les contrastes entre classes. Nous verrons que ces différents notions sont au centre des méthodes de fouille de graphes formant l'essence de nos contributions. Les notations, problématiques et verrous de la fouille de graphes sont introduits dans la section 2.5 tandis que les méthodes de génération des graphes fréquents à partir d'une base de graphes sont exposées dans la section 2.6. La section 2.7 lie plus précisément les notions présentées dans ce chapitre avec nos contributions données aux chapitres suivants.

2.2 Recherche de motifs en fouille de donnée

Dans cette section, nous introduisons les termes et notions classiquement utilisées en fouille de données. Dans le paragraphe 2.2.1, nous expliquons le principe de l'extraction de motifs depuis une base de données puis nous présentons au paragraphe 2.2.2 les techniques usuelles pour réduire l'espace de recherche des motifs.

2.2.1 Extraction de motifs locaux sous contraintes

Nous formalisons les notions essentielles d'une *base de données* (définition 2.2.1), d'un *langage* (définition 2.2.2) et d'une *contrainte* (définition 2.2.3) qui définissent le contexte d'un processus de fouille de données. Nous donnons ces définitions pour tout langage. Cependant, pour plus de simplicité, nous illustrons nos propos avec un exemple issu de la fouille de données ensemblistes.

Définition 2.2.1 (Base de données) *Une* base de données $\mathcal{D}$ *regroupe l'ensemble des données à disposition de l'extraction.*

Considérons la base de données $\mathcal{D}$ (c.f. tableau 2.1) qui nous servira d'exemple tout au long de ce chapitre. Une *donnée* est ici une transaction décrite par des descripteurs appelés *attributs*. $\mathcal{D}$ est partitionnée en deux sous-ensembles $\mathcal{D}_1$ et $\mathcal{D}_2$.

Sous-ensemble	Transactions	Attributs				
		a_1	a_2	a_3	a_4	a_5
$\mathcal{D}_1$	t_1	x	x			x
	t_2	x		x	x	x
	t_3	x		x		x
	t_4	x	x			x
	t_5			x	x	x
$\mathcal{D}_2$	t_6		x	x	x	
	t_7	x	x			x
	t_8				x	
	t_9		x			x
	t_{10}	x		x	x	x

TABLE 2.1 – Exemple d'une base de données partitionnée en deux sous-ensembles, composée d'un ensemble de transactions décrit par un ensemble d'attributs.

L'ensemble des transactions $\{t_1, \ldots, t_{10}\}$ qui compose $\mathcal{D}$ est décrit avec l'ensemble d'attributs $\{a_1, \ldots, a_5\}$. Un « x » (c.f. tableau 2.1) indique la présence d'un attribut dans une transaction. Le sous-ensemble $\mathcal{D}_1$ contient les transactions $\{t_1, t_2, t_3, t_4, t_5\}$ tandis que le sous-ensemble $\mathcal{D}_2$ contient les transactions $\{t_6, t_7, t_8, t_9, t_{10}\}$.

Un *motif* traduit un comportement ou rend compte d'un phénomène dans les données. La *longueur d'un motif* M est le nombre d'attributs contenus dans M. La longueur maximale d'un motif est la cardinalité de l'ensemble d'attributs duquel il est extrait. Dans $\mathcal{D}$ (tableau 2.1), le motif $\{a_1, a_2\}$ contient 2 attributs, il est donc de longueur 2.

Définition 2.2.2 (Langage) *Un* langage $\mathcal{L}$ *est un ensemble de motifs.*

Le langage des motifs ensemblistes $\mathcal{L}_{\mathcal{A}}$ correspond à tous les sous-ensembles de $\mathcal{A}$ où $\mathcal{A}$ est l'ensemble des attributs : $\mathcal{L}_{\mathcal{A}} = 2^{\mathcal{A}}$.

Nous définissons maintenant la notion de contrainte.

Définition 2.2.3 (Contrainte) *Une* contrainte q *est un prédicat booléen défini sur un langage.*

Une contrainte évalue si un motif est intéressant ou non. Il existe de nombreuses mesures utilisées dans les contraintes pour définir l'intérêt d'un motif [Geng 06]. Une des mesures les plus classiques est la *fréquence* [Agrawal 94], elle permet d'obtenir les *motifs fréquents* d'une base de données. La fréquence se calcule en prenant en compte l'*extension d'un motif* dans une base de données (définition 2.2.4).

Définition 2.2.4 (Extension d'un motif) *Soit* $\mathcal{D}$ *une base de données. L'*extension d'un motif M dans $\mathcal{D}$ est l'ensemble des transactions qui contiennent M : elle est notée $\mathcal{E}_{\mathcal{D}}(M) = \{t \in \mathcal{D} \mid M \in t\}$.

Le cardinal de l'extension d'un motif M dans une base de données est appelé *support* de M (définition 2.2.5).

Définition 2.2.5 (Support d'un motif) *Soit* $\mathcal{D}$ *une base de données. Le* support *d'un motif* M *dans* $\mathcal{D}$ *est la cardinalité de l'extension de* M *dans* $\mathcal{D}$: il est noté $\mathcal{S}_{\mathcal{D}}(M) = \mid \mathcal{E}_{\mathcal{D}}(M) \mid$.

La *fréquence d'un motif* est donnée par la définition 2.2.6.

Définition 2.2.6 (Fréquence d'un motif) *Soit* $\mathcal{D}$ *une base de données. La* fréquence *d'un motif* M *dans* $\mathcal{D}$ *est le ratio du support de* M *dans* $\mathcal{D}$ *sur la cardinalité de* $\mathcal{D}$: elle est notée $\mathcal{F}_{\mathcal{D}}(M) = \frac{\mathcal{S}_{\mathcal{D}}(M)}{|\mathcal{D}|}$.

La contrainte de *motifs fréquents* est définie en sélectionnant les motifs dont la fréquence est supérieure à un seuil donné (définition 2.2.7).

Définition 2.2.7 (Motif fréquent) *Soient un seuil de fréquence minimum f_{min} et une base de données $\mathcal{D}$. Le motif M est un* motif fréquent *dans $\mathcal{D}$ si et seulement si $\mathcal{F}_{\mathcal{D}}(M) \geq f_{min}$.*

Dans l'exemple du tableau 2.1, l'extension du motif $\{a_1, a_2\}$ dans $\mathcal{D}$ est $\mathcal{E}_{\mathcal{D}}(\{a_1, a_2\}) = \{t_1, t_2, t_3\}$, son support est $\mathcal{S}_{\mathcal{D}}(\{a_1, a_2\}) = |\{t_1, t_2, t_3\}| = 3$, sa fréquence est $\mathcal{F}_{\mathcal{D}}(\{a_1, a_2\}) = \frac{3}{10} = 30\%$. Le motif a_5 a une fréquence de $\frac{8}{10} = 80\%$ dans $\mathcal{D}$: c'est le motif le plus fréquent dans $\mathcal{D}$. A l'opposé, le motif $\{a_2, a_3, a_4\}$ a une fréquence de $\frac{1}{10} = 10\%$ dans $\mathcal{D}$: lorsque $f_{min} > 10\%$, ce motif n'est pas fréquent dans $\mathcal{D}$.

L'ensemble de motifs du langage $\mathcal{L}$ vérifiant une contrainte q dans une base de données $\mathcal{D}$ est appelé *théorie* (définition 2.2.8) [Mannila 97]. Ce cadre formel permet d'unifier les différents types d'extraction quel que soit le contexte (base de données, langage, contrainte).

Définition 2.2.8 (Théorie) *Soient un langage $\mathcal{L}$, une base de données $\mathcal{D}$ et une contrainte q, la théorie $\mathcal{T}h(\mathcal{L}, \mathcal{D}, q)$ est l'ensemble des motifs de $\mathcal{L}$ satisfaisant la contrainte q dans $\mathcal{D}$.*

De nombreuses mesures sont utiles et dans nos travaux nous utilisons la mesure du *taux de croissance* (définition 2.2.9) donnant lieu à la contrainte des *motifs émergents* (définition 2.2.10) introduite dans [Dong 99a].

Définition 2.2.9 (Taux de croissance d'un motif) *Soit $\mathcal{D}$ une base de données partitionnée en deux sous-ensembles $\mathcal{D}_1$ et $\mathcal{D}_2$. Le* taux de croissance *d'un motif M de $\mathcal{D}_2$ vers $\mathcal{D}_1$ correspond au ratio de la fréquence de M dans $\mathcal{D}_1$ sur la fréquence de M dans $\mathcal{D}_2$: il est noté*

$$
\mathcal{GR}_{\mathcal{D}_1}(M) = \begin{cases} 0, & \text{si } \mathcal{F}_{\mathcal{D}_1}(M) = 0 \text{ et } \mathcal{F}_{\mathcal{D}_2}(M) = 0 \\ \infty, & \text{si } \mathcal{F}_{\mathcal{D}_1}(M) \neq 0 \text{ et } \mathcal{F}_{\mathcal{D}_2}(M) = 0 \\ \frac{\mathcal{F}_{\mathcal{D}_1}(M)}{\mathcal{F}_{\mathcal{D}_2}(M)}, & \text{sinon} \end{cases}
$$

Définition 2.2.10 (Motif émergent) *Soient un taux de croissance minimum ρ et une base de données $\mathcal{D}$ partitionnée en deux sous-ensembles $\mathcal{D}_1$ et $\mathcal{D}_2$. Le motif M est un* motif émergent *de $\mathcal{D}_2$ vers $\mathcal{D}_1$ si et seulement si $\mathcal{GR}_{\mathcal{D}_1}(M) \geq \rho$.*

Cette contrainte est particulièrement intéressante car elle permet d'obtenir les motifs dont la fréquence varie fortement d'un jeu de données à un autre. Dans l'exemple du tableau 2.1, le motif $\{a_1, a_2, a_5\}$ a une fréquence de $\frac{2}{5} = 40\%$ dans $\mathcal{D}_1$ et une fréquence de $\frac{1}{5} = 20\%$ dans $\mathcal{D}_2$, son taux de croissance de $\mathcal{D}_2$ vers $\mathcal{D}_1$ égale $\frac{40}{20} = 2$: c'est un motif émergent de $\mathcal{D}_2$ vers $\mathcal{D}_1$ lorsque $\rho \leq 2$.

Les *Jumping Emerging Pattern (JEP)* sont un cas particulier de motifs émergents. Leur spécificité est d'avoir un taux de croissance infini : ils sont absents de $\mathcal{D}_2$.

2.2.2 Élagage de l'espace de recherche des motifs

Une *relation de spécialisation* (définition 2.2.11) comme proposée par
MITCHELL [Mitchell 82] définit une structuration d'un langage $\mathcal{L}$ et est utile pour
localiser les motifs à extraire. Un index utilisant l'ordre lexicographique utilise le
même principe, il évite de parcourir tous les mots du dictionnaire pour rechercher un
mot. Nous verrons que l'exploitation de la relation de spécialisation, via les propriétés
d'(anti-)monotonicité permet d'élaguer l'espace de recherche.

Définition 2.2.11 (Relation de spécialisation) *Une* relation de spécialisation $\preceq$ *est
un ordre partiel défini sur les motifs de $\mathcal{L}$. Le motif M_1 est plus général (respectivement
plus spécifique) que M_2 si $M_1 \preceq M_2$ (respectivement $M_2 \preceq M_1$).*

Pour les ensembles d'attributs, l'inclusion $\subseteq$ constitue une relation de spécialisation.
Par exemple si $\{a_1\} \subseteq \{a_1, a_2\}$ alors $\{a_1\}$ est plus général que $\{a_1, a_2\}$ et $\{a_1, a_2\}$ est une
spécialisation de $\{a_1\}$. Une telle relation structure l'espace de recherche en treillis : la
figure 2.1 décrit celui correspondant à la base de données $\mathcal{D}$ du tableau 2.1. Dans la suite,
afin d'alléger les notations, les motifs ensemblistes seront notés sous forme de chaînes,
ainsi $a_1a_2=\{a_1, a_2\}$

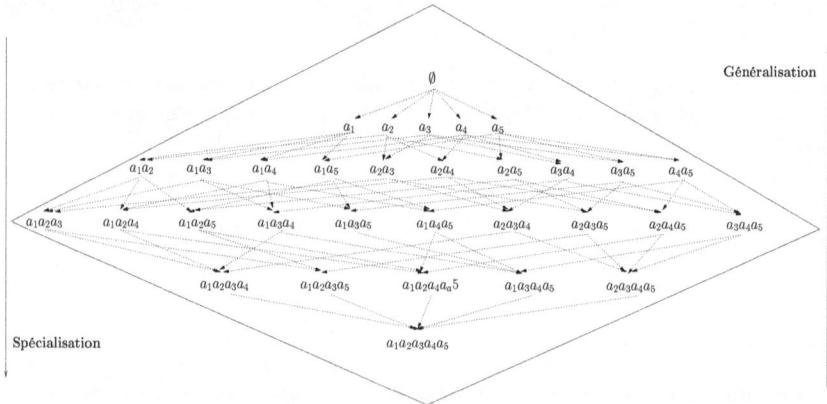

FIGURE 2.1 – Treillis de motifs de la base de données $\mathcal{D}$.

Sur la figure 2.1, le motif le plus en haut est l'ensemble vide, celui qui est le plus en bas
est le motif composé de l'ensemble des attributs. Le passage d'un niveau à un autre est
réalisé par l'ajout d'un attribut : le deuxième niveau contient les singletons, le troisième
les paires, le quatrième les triplets, ... Les premiers et derniers niveaux contiennent un
seul motif et le nombre maximum de motifs est atteint au milieu du treillis.

Certaines propriétés sur les contraintes, comme l'*(anti-)monotonicité* (définition 2.2.12) facilitent grandement l'extraction de motifs [Mannila 97].

Définition 2.2.12 (Contrainte monotone ou anti-monotone) *Une contrainte q est monotone (respectivement anti-monotone) suivant la relation de spécialisation $\preceq$ si et seulement si pour tout motif satisfaisant q, ses spécialisations (respectivement généralisations) satisfont également q.*

Par la suite et pour simplifier, nous indiquerons uniquement qu'une contrainte est monotone (respectivement anti-monotone) au lieu de monotone (respectivement anti-monotone) par rapport à la relation de spécialisation.

Une contrainte anti-monotone q partitionne un espace de recherche par une *bordure positive* (définition 2.2.13).

Définition 2.2.13 (Bordure positive) *L'ensemble des motifs maximaux (au sens de l'inclusion) qui satisfont la contrainte anti-monotone q dans $\mathcal{D}$ est noté $Bd^+(\mathcal{T}h(\mathcal{L}, \mathcal{D}, q))$ et constitue la* bordure positive *de $\mathcal{T}h(\mathcal{L}, \mathcal{D}, q)$.*

Suivant la relation de spécialisation, la bordure positive contient les motifs les plus spécifiques vérifiant la contrainte anti-monotone q. De manière duale à la bordure positive, nous définissons la *bordure négative* (définition 2.2.14).

Définition 2.2.14 (Bordure négative) *L'ensemble des motifs minimaux (au sens de l'inclusion) qui ne satisfont pas la contrainte anti-monotone q dans $\mathcal{D}$ est noté $Bd^-(\mathcal{T}h(\mathcal{L}, \mathcal{D}, q))$ et constitue la* bordure négative *de $\mathcal{T}h(\mathcal{L}, \mathcal{D}, q)$.*

La bordure négative rassemble les motifs les plus généraux ne vérifiant pas q, q étant anti-monotone.

Sur la figure 2.2 nous donnons l'exemple de la bordure positive et de la bordure négative pour la contrainte anti-monotone de fréquence $f_{min} = 20\%$ dans la base de données du tableau 2.1.

Les motifs maximaux constituant la bordure positive sont entourés sur la figure 2.2 : il s'agit de $a_1a_2a_5$ et $a_1a_3a_4a_5$. Les motifs minimaux constituant la bordure négative sont encadrés sur la figure 2.2 : il s'agit de a_2a_3 et a_2a_4.

Suivant la relation de spécialisation, la bordure positive contient les motifs les plus spécifiques vérifiant q et la bordure négative contient les motifs les plus généraux ne vérifiant pas q. Ce constat va permettre à l'anti-monotonicité de fournir un puissant *élagage* (propriété 2.2.1) de l'espace de recherche qui a été l'une des sources du succès de l'algorithme APRIORI [Agrawal 94] pour l'extraction des motifs fréquents.

Propriété 2.2.1 (Élagage fondé sur les contraintes anti-monotones) *Si un motif M ne satisfait pas la contrainte anti-monotone q, alors toutes les spécialisations de M ne satisfont pas la contrainte q.*

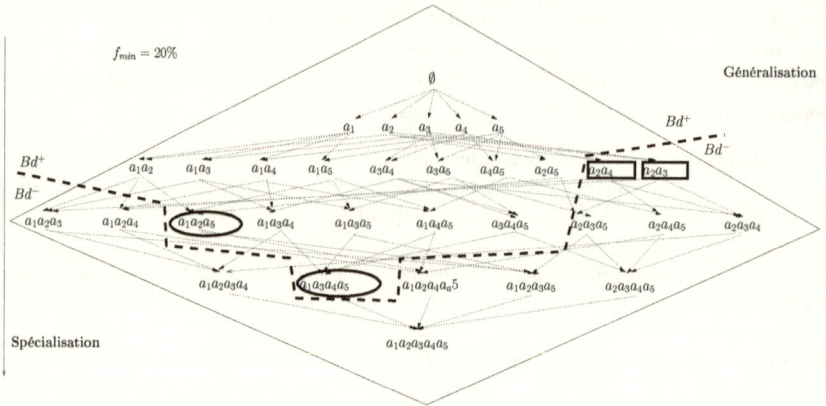

FIGURE 2.2 – Illustration de la bordure positive (motifs entourés) satisfaisant la contrainte $f_{min} = 20\%$ et de la bordure négative (motifs encadrés) avec la contrainte $f_{min} = 20\%$ dans la base de données du tableau 2.1.

En d'autre termes :

i) Si un motif M ne satisfait pas une contrainte, ses spécialisations ne la vérifient pas non plus : lors du parcours de l'espace de recherche, on peut élaguer les branches issues de M.

ii) Si un sous-ensemble d'un motif M ne satisfait pas une contrainte, M ne peut pas la satisfaire non plus.

La fréquence est une contrainte anti-monotone [Agrawal 94] très classiquement utilisée.

Continuons l'exemple de la base de données $\mathcal{D}$ du tableau 2.1. Pour un seuil de fréquence minimum f_{min} fixé à 30% dans $\mathcal{D}$, le motif $a_3a_4a_5$ est fréquent puisque sa fréquence est de 30%. L'anti-monotonicité de la fréquence assure que tous les motifs pouvant être généralisés depuis $a_3a_4a_5$ sont également fréquents. Considérons maintenant le motif a_1a_4, celui-ci n'est pas fréquent dans $\mathcal{D}$, alors toutes ses spécialisations (p.e. $a_1a_2a_4$, $a_1a_3a_4$) ne le sont pas non plus.

En revanche, comme le montre l'exemple suivant, le taux de croissance ne donne pas lieu à une contrainte monotone ou anti-monotone. Avec un taux de croissance minimum ρ fixé à 1,5, a_5 est émergent de $\mathcal{D}_2$ à $\mathcal{D}_1$ ($\mathcal{GR}_{\mathcal{D}_1}(a_5) = \frac{5}{3} = 1,67$), a_2a_5 ne l'est plus ($\mathcal{GR}_{\mathcal{D}_1}(a_2a_5) = 1$), alors que $a_1a_2a_5$ est à nouveau émergent ($\mathcal{GR}_{\mathcal{D}_1}(a_1a_2a_5) = 2$). Ceci s'explique par le fait que le taux de croissance est un ratio de fréquences. Entre un motif et sa généralisation, le numérateur peut être égal ou plus grand, de même pour le dénominateur, et le ratio peut ainsi augmenter ou diminuer. La contrainte d'émergence est ainsi plus difficile à mettre en œuvre. Il existe cependant différentes approches pour extraire des motifs sous cette contrainte, telles que la manipulation de bordures [Dong 99a] ou par décomposition des éléments composants la contrainte afin de se ramener à des sous-espaces où la propriété de monotonicité est vérifiée [Soulet 05, Cerf 10]. D'autres méthodes [Soulet 08] proposent de fournir un résumé des motifs émergents sous la forme d'une *représentation condensée*. Cette notion fait l'objet de la section suivante.

2.3 Représentation condensée d'un ensemble de motifs

Suivant la base de données et les contraintes utilisées, le nombre de motifs extraits peut se compter en millions ou milliards et une interprétation humaine n'est pas possible. Afin de faciliter les extractions et l'analyse experte qui est effectuée sur les motifs, il est possible d'utiliser une *représentation condensée exacte* de l'ensemble des motifs extraits. La définition 2.3.1 s'appuie sur les travaux de [Mannila 96].

Définition 2.3.1 (Représentation condensée exacte) *La* représentation condensée *d'un ensemble de motifs $\mathcal{M}$ selon une contrainte q est un ensemble de motifs R de cardinalité inférieure à celle de $\mathcal{M}$ tel que pour tout motif $M \in \mathcal{M}$ la valeur de q(M) puisse être déduite à partir de un ou plusieurs motifs de R.*

Pour les motifs ensemblistes, les deux représentations condensées les plus classiques pour la fréquence sont les *motifs fermés*, aussi appelés *motifs clos* (définition 3.3.1) et les *motifs libres* (définition 2.3.3) [Calders 05].

Définition 2.3.2 (Motif fermé) *Un motif M est un* motif fermé *si toutes ses spécialisations strictes ont une fréquence strictement inférieure à celle de M.*

Définition 2.3.3 (Motif libre) *Un motif M est un* motif libre *(appelé également « générateur ») si toutes ses généralisations strictes ont une fréquence strictement supérieure à celle de M.*

Les motifs libres et fermés séparent l'ensemble des motifs extraits en *classes d'équivalence*. Les motifs d'une même classe d'équivalence ont la même extension dans $\mathcal{D}$. Une classe d'équivalence est bornée par un ou plusieurs motifs libres qui constituent ses éléments minimaux et par un seul motif fermé qui constitue son élément maximal. La figure 2.3 donne les classes d'équivalence au sein de l'ensemble de motifs avec la contrainte $f_{min} = 10\%$ dans $\mathcal{D}$.

Donnons quelques commentaires sur cette figure. Les motifs a_1 et $a_1 a_5$ ont $t_1 t_2 t_3 t_4 t_7 t_{10}$ comme extension dans $\mathcal{D}$, a_1 est le libre et $a_1 a_5$ est le fermé. Les motifs $a_1 a_4$ et $a_1 a_3 a_4 a_5$ ont $t_2 t_{10}$ comme extension dans $\mathcal{D}$, $a_1 a_4$ est le libre et $a_1 a_3 a_4 a_5$ est le fermé. Tous les motifs situés entre ces deux motifs (au sens de la spécialisation) possèdent exactement la même extension que ce libre et ce fermé et ont donc la même fréquence. La classe d'équivalence du fermé $a_2 a_3 a_4$ a deux motifs libres : $a_2 a_3$ et $a_2 a_4$.

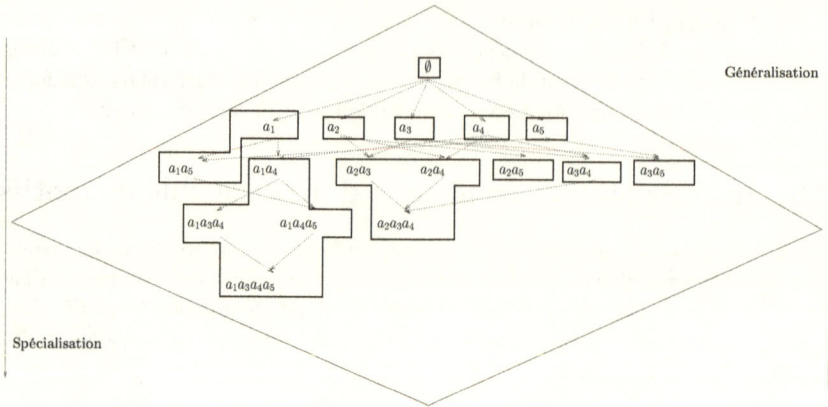

FIGURE 2.3 – Classes d'équivalence pour la contrainte $f_{min} = 10\%$ dans $\mathcal{D}$.

Il existe de nombreux algorithmes calculant les motifs libres, fermés et leur représentations condensées associées. Pour les motifs fermés, citons les algorithmes CLOSE [Pasquier 99a] et CHARM [Zaki 02]. Une caractéristique intéressante des motifs libres est qu'ils vérifient la propriété d'anti-monotonicité et ils peuvent être extraits en s'appuyant sur celle-ci [Boulicaut 00]. Ceux-ci, aussi désignés par l'expression « motif clé » [Pasquier 99b], sont aussi utilisées pour extraire les motifs fermés. Il existe plusieurs extensions de la notion de motifs libres tels que les motifs k-libres [Calders 03] et les motifs δ-libres [Boulicaut 03]. Ces derniers fournissent une représentation condensée approximative des motifs (celle-ci est plus concise qu'une représentation exacte, mais au prix d'une certaine approximation sur les valeurs de fréquences associées aux motifs).

Il existe de nombreuses généralisations des motifs fermés à des langages autres que ensemblistes : CLOSPAN [Yan 03b] pour les motifs séquentiels, CMTREEMINER [Chi 03] pour les arbres fermés, CLOSEGRAPH [Yan 03a] pour les graphes. Nous verrons au chapitre 3 que la notion de motif fermé est centrale dans notre élaboration d'une représentation condensée sur les graphes. Notons que ce n'est que récemment que la notion de motif libre à été étendue aux séquences [Lo 08]. Cette faible exploitation de ce type de motifs à des langages autres que ensemblistes s'explique certainement par le fait que la liberté ne vérifie pas la propriété d'anti-monotonicité pour des langages comme les séquences.

2.4   Classification supervisée fondée sur des motifs

Il existe différents usages des motifs extraits comme par exemple la construction de règles ou l'élaboration de classifieurs, les motifs forment alors une connaissance apprise pour prédire le « comportement » de nouvelles données. Nous commençons par rappeler dans le paragraphe 2.4.1 la notion de *règle d'association*, utilisée par de nombreux classifieurs fondés sur les associations, puis nous donnons un aperçu des méthodes de classification associative dans le paragraphe 2.4.2.

2.4.1 Détour par les règles d'association

Dans le contexte des motifs ensemblistes, les travaux de [Agrawal 94] ont défini la notion de *règle d'association* (définition 2.4.1).

Définition 2.4.1 (Règle d'association) *Soient $\mathcal{D}$ une base de données, $\mathcal{A}$ un ensemble d'attributs et M un motif de $\mathcal{D}$ construit avec des éléments de $\mathcal{A}$. Une* règle d'association *r fondée sur M est une expression $X \to Y$ avec $X \subsetneq M$ et $Y = M \setminus X$. X est la* prémisse *de r et Y sa* conclusion.

Trois mesures sont souvent utilisés pour l'évaluation d'une règle d'association : la *fréquence* (définition 2.4.2), la *confiance* (définition 2.4.3) et l'*amélioration* (définition 2.4.4).

Définition 2.4.2 (Fréquence d'une règle d'association) *Soit r une règle d'association $X \to Y$ dans $\mathcal{D}$. La* fréquence *de r dans $\mathcal{D}$ est le ratio du support de $XY = X \cup Y$ sur le nombre de transaction de $\mathcal{D}$: elle est notée $freq_{\mathcal{D}}(r) = \mathcal{F}_{\mathcal{D}}(XY)$.*

Définition 2.4.3 (Confiance d'une règle d'association) *Soit r une règle d'association $X \to Y$ dans $\mathcal{D}$. La* confiance *de r dans $\mathcal{D}$ est le ratio de la fréquence de r dans $\mathcal{D}$ sur la fréquence de X dans $\mathcal{D}$: elle est notée $conf_{\mathcal{D}}(r) = \frac{freq_{\mathcal{D}}(r)}{\mathcal{F}_{\mathcal{D}}(X)}$.*

Définition 2.4.4 (Amélioration d'une règle d'association) *Soit r une règle d'association $X \to Y$ dans $\mathcal{D}$. L'*amélioration [17] *de r dans $\mathcal{D}$ est le ratio de la confiance de r dans $\mathcal{D}$ sur la fréquence de Y dans $\mathcal{D}$: elle est notée $am_{\mathcal{D}}(r) = \frac{conf_{\mathcal{D}}(r)}{\mathcal{F}_{\mathcal{D}}(Y)}$.*

Le tableau 2.2 représente les données du tableau 2.1 où les attributs c_1 et c_2 ont été ajoutés pour indiquer l'appartenance des transactions aux classes.

Les transactions du sous-ensemble $\mathcal{D}_1$ comportent l'attribut c_1 et celles de $\mathcal{D}_2$ comportent l'attribut c_2 Dans un contexte de classification, les règles d'association recherchées sont celles concluant sur une valeur de classes (ici, c_1 ou c_2). Ces règles sont appelées *règles de classification*. Le tableau 2.3 donne des exemples de règles de classification issues des données du tableau 2.2 et extraites avec un seuil de fréquence minimum de 10%.

Plus la fréquence, la confiance et l'amélioration d'une règle sont élevées, plus la règle est estimée de qualité. Cependant, pour une règle, ces seules valeurs permettent difficilement d'évaluer la qualité de la règle pour traduire le contraste entre classes [Kralj Novak 09]. Ainsi, les règles de prémisse a_3a_4 ont exactement les mêmes valeurs de fréquence, de

---

17. En anglais cette mesure porte le nom de lift.

Transactions	Attributs						
	a_1	a_2	a_3	a_4	a_5	c_1	c_2
t_1	x	x			x	x	
t_2	x		x	x	x	x	
t_3	x		x		x	x	
t_4	x	x			x	x	
t_5			x	x	x	x	
t_6		x	x	x			x
t_7	x	x			x		x
t_8				x			x
t_9		x			x		x
t_{10}	x		x	x	x		x

TABLE 2.2 – Base de données $\mathcal{D}$ (c.f. tableau 2.1) partitionnée en deux sous-ensembles et comportant la classe des transactions comme attributs.

Règle de classification	Mesures		
	Fréquence	Confiance	Amélioration
$a_3 a_4 \rightarrow c_1$	0,2	0,5	1
$a_3 a_4 \rightarrow c_2$	0,2	0,5	1
$a_1 a_2 \rightarrow c_1$	0,2	0,67	1,34
$a_1 a_2 \rightarrow c_2$	0,1	0,33	0,66

TABLE 2.3 – Exemple de règles de classification dans $\mathcal{D}$ extraites avec $f_{min} = 10\%$.

confiance et d'amélioration sur les deux classes. Cela est aussi souligné par les motifs émergents puisqu'on a $\mathcal{GR}_{\mathcal{D}_1}(a_3 a_4) = \mathcal{GR}_{\mathcal{D}_2}(a_3 a_4) = 1$.

Considérons maintenant l'exemple du motif $a_1 a_2$: les valeurs de fréquence, support et amélioration de la paire de règles $a_1 a_2 \rightarrow c_1$ et $a_1 a_2 \rightarrow c_2$ indiquent que ce motif est plus lié à la classe c_1 qu'à la classe c_2. Ce phénomène est aussi traduit par les motifs émergents. En effet, $\mathcal{GR}_{\mathcal{D}_1}(a_1 a_2) = 2$ signifie que $a_1 a_2$ est deux fois plus présent dans $\mathcal{D}_1$ que dans $\mathcal{D}_2$. Mais, un apport des motifs émergents est de traduire ce phénomène sans avoir à comparer plusieurs motifs entre eux (ici, deux règles de classification). Ainsi, un motif émergent a la faculté d'assurer que si une association d'attributs est fortement liée à une classe, alors elle est faiblement liée à l'autre classe. Les motifs émergents forment ainsi un réservoir approprié de motifs locaux pour construire des classifieurs.

2.4.2 Construction de modèles de classification fondés sur les motifs émergents

Il existe de nombreux travaux portant sur la construction de modèles prédictifs fondés sur les motifs, tels que les règles de classification. B. BRINGMANN propose une vue unifiée de ces travaux en les distinguant notamment suivant le critère du type d'extraction [Bringmann 09]. Soit ceux-ci sont extraits en une seule fois, soit ils sont extraits via un processus itératif. Le premier cas rassemble typiquement aux approches « two steps » [Giacometti 09]. L'extraction des motifs est menée avec une approche complète, puis le réservoir de motifs est post-traité en utilisant des heuristiques pour obtenir un plus petit ensemble de motifs donnant lieu au classifieur. Dans le second cas, les motifs produits tiennent compte des motifs précédemment extraits. Cette approche regroupe notamment des techniques d'apprentissage automatique comme les listes ou les arbres de décision [Quinlan 86].

Un des intérêts mis en avant par les approches fondées sur les associations est leur capacité à exploiter et combiner des régularités locales [Knobbe 08] ainsi que la production de modèles souvent plus interprétables que des approches comme les Support Vector Machine [Cristianini 00].

Dans le cadre de notre travail, nous nous intéressons plus particulièrement aux motifs émergents et nous citons quatre travaux majeurs pour la construction de modèles de classification fondés sur les motifs émergents :

CAEP [Dong 99b] : ce classifieur rassemble tous les motifs extraits du jeu d'apprentissage qui sont supportés par au moins une transaction du jeu de données test et calcule un score par classe en se basant sur les taux de croissance de ces motifs au sein des classes. La classe ayant le meilleur score est attribuée.

JEPC [Li 01] : ce classifieur utilise uniquement les Jumping Emerging Pattern (JEP). Par définition un JEP n'est présent que dans une seule classe. Les motifs obtenus par ce classifieur ont donc comme spécificité de ne considérer que les données d'apprentissage d'une seule classe.

DeEPs [Li 04] : ce classifieur réalise un apprentissage spécifique pour chaque transaction du jeu de test. La transaction qui doit être classée sert de contrainte supplémentaire pour l'extraction des motifs émergents. Les motifs ainsi extraits ne contiennent uniquement que des attributs présents dans la transaction testée.

BCEP [Fan 03] : ce classifieur repose sur l'utilisation du théorème de Bayes pour calculer le score d'une transaction test. La classe prédite est celle qui maximise la probabilité conditionnelle sachant la transaction test. Un intérêt de cette méthode est la résistance aux bruits (erreurs sur les attributs et/ou les classes).

Les travaux de D.Gay [Gay 09] ont montré que dans le cas des classifieurs fondés sur les motifs émergents, le déséquilibre du nombre de transactions entre les classes a d'importantes répercussion sur le calcul des scores, biaisant les résultats. Avec plus de trois classes, l'auteur recommande d'extraire tous les motifs d'une classe par rapport à une autre et ceci pour toutes les paires de classes au lieu d'une classe par rapport à toutes les autres comme cela est classiquement réalisé. L'auteur montre que cette méthode n'est pas systématiquement meilleure, mais elle est plus performante en terme de précision sur les classes minoritaires dans le contexte multi-classes.

Évaluation d'un classifieur   Nous donnons maintenant les indicateurs classiques de l'évaluation d'un classifeur. Quatre indicateurs (c.f. tableau 2.4) sont couramment utilisés pour évaluer les performances d'un classifieur [Davis 06]. Ces indicateurs utilisent les classes réelles et les classes prédites des transactions : le schéma classique consiste à prédire la classe d'une transaction puis de vérifier si la classe prédite est la bonne.

Classe prédite	Classe réelle	
	Positive	Négative
Positive	tp (vrai positive)	fp (faux positive)
Négative	fn (faux négative)	tn (vrai négative)

TABLE 2.4 – Indicateurs de performances d'un classifieur dans un contexte de classification à deux classes.

Un classifieur idéal (i.e. prédisant correctement toutes les transactions) a les taux de tp et de tn égaux à 1 et ceux de fp et de fn égaux à 0. Les mesures classiques d'évaluation d'un classifieur sont : la *précision* (définition 2.4.5), le *rappel* (définition 2.4.6) et la *f-mesure* (définition 2.4.7).

Définition 2.4.5 (Précision d'un classifieur) *La précision d'un classifieur C est le ratio du nombre de transactions de classe positive correctement prédites sur le nombre total de transactions prédites positives : elle est notée $prec(C) = \frac{tp}{tp+fp}$.*

Définition 2.4.6 (Rappel d'un classifieur) *Le rappel d'un classifieur C est le ratio du nombre de transactions de classe positive correctement prédites sur le nombre de transactions de classe réellement positive : il est noté $rapp(C) = \frac{tp}{tp+fn}$.*

Définition 2.4.7 (F-mesure d'un classifieur) *La f-mesure d'un classifieur C combine précision et rappel dans un seul indicateur : elle est notée $fmes(C) = 2.\frac{prec(C).rapp(C)}{prec(C)+rapp(C)}$.*

La précision indique si les classes réelles sont égales aux classes prédites tandis que le rappel indique si les classes prédites sont égales aux classes réelles. Le contexte d'application du classifieur détermine s'il est préférable d'avoir une bonne précision ou un bon rappel (p.e. on attend d'un moteur de recherche qu'il soit le plus précis possible). Pour comparer les classifieurs entre eux, la f-mesure est plus utilisée que la paire {précision,rappel} parce qu'il est plus simple de comparer une valeur unique.

2.5   Notations et verrous en fouille de graphes

Dans cette section, nous introduisons, dans le paragraphe 2.5.1, les différentes notions liées à la fouille de graphes utilisées lors de la présentation de nos travaux aux chapitres 3 et 4. Dans le paragraphe 2.5.2, nous exposons les deux verrous majeurs en fouille de graphes qui reposent sur deux types d'appariements entre graphes : l'égalité et l'inclusion.

2.5.1 Terminologie liée aux graphes

Dans ce paragraphe, nous définissons l'ensemble des termes utilisés par la communauté de la fouille de graphes et mentionnés lors de nos travaux. L'ensemble de ces définitions, entre autres, est contenu dans le manuel de R. DIESTEL intitulé « Graph Theory » [Diestel 05].

Un *graphe* (définition 2.5.1) est une structure de données utilisée en mathématique et en informatique pour représenter des relations, appelées *arêtes*, entre des objets, appelés *sommets*.

Définition 2.5.1 (Graphe) *Un graphe $G = (V, E)$ est défini par (i) un ensemble de n sommets $V = \{v_0, \ldots, v_{n-1}\}$ et (ii) un ensemble de m arêtes $E = \{e_0, \ldots, e_{m-1}\}$ reliant deux sommets avec $e_i = \{v_j, v_k\}, v_j \in V, v_k \in V, 0 \leq i < m$.*

Dans nos travaux, la *taille d'un graphe* G correspond au nombre de sommets dans G (dans la communauté, il existe des méthodes pour lesquelles la taille d'un graphe G correspond au nombre d'arêtes dans G [Kuramochi 01]).

Lorsqu'une arête relie un sommet à lui-même, elle porte le nom de *boucle*. E est un ensemble d'arêtes, si E était un multi-ensemble d'arêtes alors nous nommerions *multi-arête* le cas de deux sommets reliés par plus d'une seule arête tel que $e_k = e_l = \{v_i, v_j\}$. Au sein d'un graphe, deux sommets sont *adjacents* s'ils partagent une arête : le *degré d'un sommet* v indique le nombre de sommets adjacents à v. Deux arêtes sont *incidentes* si elles ont un sommet en commun : un *chemin* contient uniquement des arêtes incidentes (définition 2.5.2).

Définition 2.5.2 (Chemin) *Soit $G(V, E)$ un graphe. Un chemin dans G est une suite $[v_0, \{v_0, v_1\}, v_1, \{v_1, v_2\}, \ldots, \{v_{n-2}, v_{n-1}\}, v_{n-1}]$ alternant sommets de $G(v_i \in V, 0 \leq i < n)$ et arêtes de $G(\{v_{i-1}, v_i\} \in E, 0 < i < n)$ telle que deux arêtes consécutives sont incidentes $(\{v_{i-1}, v_i\} \cap \{v_i, v_{i+1}\} \neq \emptyset, 0 < i < n - 1)$.*

Nous appelons le premier sommet d'un chemin son *sommet de départ* et le dernier sommet d'un chemin son *sommet d'arrivée*. Un chemin est *élémentaire* s'il ne passe pas plus d'une fois par une même arête. Nous définissons maintenant la notion de *cycle élémentaire* (définition 2.5.3).

Définition 2.5.3 (Cycle élémentaire) *Un chemin élémentaire est un cycle élémentaire si son sommet de départ est le même que son sommet d'arrivée.*

Il existe différentes qualifications sur les graphes, elles sont appliquées en fonction de la donnée relationnelle à modéliser. Un graphe $G = (V, E)$ est défini comme :

simple : (i) s'il n'existe aucune boucle et (ii) s'il n'existe aucune multi-arête.

non orienté : si chaque arête e de E représente une paire de sommets : $e = \{v_i, v_j\}$.

étiqueté : si une information est associée à chaque sommet et à chaque arête.

connexe : si, quelque soit la paire de sommets $\{v_i, v_j\}$ de G, il existe un chemin qui relie v_i à v_j.

Les travaux présentés aux chapitres 3 et 4 utilisent toujours des graphes simples, non orientés, étiquetés *avec des nombres entiers* et connexes : ils permettent de représenter les graphes moléculaires contenus dans les bases de molécules que nous utilisons (voir section 1.2 au chapitre 1).

La figure 2.4 donne trois exemples de graphes permettant d'illustrer les notions précédemment abordées.

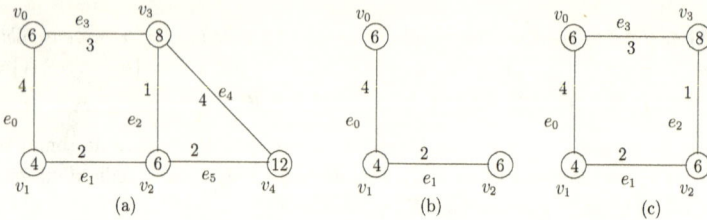

FIGURE 2.4 – Exemple d'un graphe simple, non orienté, étiqueté et connexe (a), d'un chemin élémentaire (b) et d'un cycle (c).

Le graphe (a) est un graphe simple, non orienté, étiqueté avec des nombres entiers et connexe, le chemin $[v_0, \{v_0, v_1\}, v_1, \{v_1, v_2\}, v_2]$ dans le graphe (b) est un chemin élémentaire et le graphe (c) est un cycle. (b) est un chemin élémentaire car $E_b = \{e_0 = \{v_0, v_1\}, e_1 = \{v_1, v_2\}\}$: e_0 et e_1 ont le sommet v_1 en commun, elles sont incidentes. De plus v_0 et v_1 sont deux sommets adjacents. Le graphe (a) est composé d'un ensemble de 5 sommets : la taille de (a) vaut 5. Dans le graphe (a), le sommet v_3 est relié à trois sommets (respectivement v_0, v_2 et v_4) par trois arêtes (respectivement e_3, e_2 et e_4) : v_3 est de degré 3. Le graphe (a) est étiqueté car (i) un nombre entier est assigné à chaque élément de son ensemble de sommets : $V_a = \{v_0, v_1, v_2, v_3, v_4\} = \{6, 4, 6, 8, 12\}$ et (ii) un nombre entier est assigné à chaque élément de son ensemble d'arêtes : $E_a = \{e_0, e_1, e_2, e_3, e_4, e_5\} = \{4, 2, 1, 3, 4, 2\}$.

2.5.2   Correspondance entre graphes

Si les graphes constituent un outil de représentation relationnelle permettant de modéliser les données structurées, nous allons voir dans cette partie que les graphes sont plus difficiles à manipuler qu'une suite de valeurs d'attributs pour deux raisons essentielles : (i) l'égalité entre graphes et (ii) l'inclusion entre graphes sont plus difficiles à calculer.

Égalité entre graphes

L'égalité entre deux graphes repose sur un *isomorphisme* (définition 2.5.4).

Définition 2.5.4 (Isomorphisme) *Soit deux graphes $G = (V, E)$ et $G' = (V', E')$. G et G' sont isomorphes s'il existe une bijection $\psi : V \longrightarrow V'$ telle que pour tout $v_i, v_j \in V, \{v_i, v_j\} \in E$ si et seulement si $\{\psi(v_i), \psi(v_j)\} \in E'$. ψ est appelé un isomorphisme.*

Comme nous manipulons des graphes étiquetés, un isomorphisme doit aussi conserver l'étiquetage. Soit l_G^v une fonction qui associe une étiquette à un sommet et l_G^e une fonction qui associe une étiquette à une arête. Un isomorphisme entre les graphes $G = (V, E)$ et $G' = (V', E')$ préserve simultanément :

- l'étiquetage des sommets : $v \in V \Rightarrow l_{G'}^v(\psi(v)) = l_G^v(v)$.
- l'étiquetage des arêtes : $\{v_i, v_j\} \in E \Rightarrow l_{G'}^e(\{\psi(v_i), \psi(v_j)\}) = l_G^e(\{v_i, v_j\})$.

Le problème appelé *isomorphisme de graphes* considère deux graphes en entrée et permet de répondre à la question : existe-t-il un isomorphisme entre ces deux graphes ? Dans le cas où il existe un isomorphisme entre deux graphes G et G', on dit que ces graphes sont isomorphes et on le note : $G \simeq G'$. Par la suite, nous considérons deux graphes isomorphes comme étant le même graphe sauf mention du contraire (p.e. dans les bases de graphes).

La figure 2.5 donne l'exemple de deux graphes isomorphes.

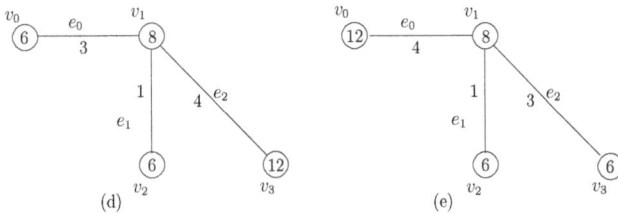

FIGURE 2.5 – Exemple de l'isomorphisme de graphes.

Le graphe (d) est composé de $V_d = \{6, 8, 6, 12\}$ et de $E_d = \{3, 1, 4\}$ tandis que le graphe (e) est composé de $V_d = \{12, 8, 6, 6\}$ et de $E_d = \{4, 1, 3\}$. Les graphes (d) et (e) sont isomorphes : si on permute respectivement v_0 et e_0 avec respectivement v_3 et e_2 dans (e), on obtient (d).

Le problème appelé isomorphisme de graphes est un problème NP mais il n'a pas été démontré qu'il est NP-COMPLET [Garey 90]. Toutefois, il n'a pas été trouvé d'algorithme polynomial pour le résoudre. L'algorithme le plus efficace est NAUTY[18] décrit dans [McKay 80, McKay 81]. Lorsque les graphes sont des chemins, la complexité de l'isomorphisme de graphes est linéaire : $O(n)$ avec n le nombre de sommets dans le graphe. Pour les graphes en général, la complexité de l'isomorphisme de graphes est : $e^{\sqrt{cn\log(n)}}$ avec c, une constante et n le nombre de sommets dans le graphe [Ros 00].

---

18. http://cs.anu.edu.au/~bdm/nauty/

Inclusion entre graphes

De façon générale, un *sous-graphe* est un graphe inclus dans un autre graphe (définition 2.5.5).

Définition 2.5.5 (Sous-graphe) *Soit deux graphes* $G = (V, E)$ *et* $G' = (V', E')$. G' *est un* sous-graphe *de* G *si (i)* $V' \subset V$ *et (ii)* $E' \subset E$.

Plus précisément, un sous-graphe est appelé un *sous-graphe partiel* de façon à le distinguer d'un *sous-graphe induit* (définition 2.5.6).

Définition 2.5.6 (Sous-graphe induit) *Soit deux graphes* $G = (V, E)$ *et* $G' = (V', E')$. G' *est un* sous-graphe induit *de* G *par l'ensemble de sommets* V' *si (i)* $V' \subset V$ *et (ii)* E' *est la restriction de* E *à* V' : $E' = \{\{v_i, v_j\} : v_i, v_j \in V'\}$.

Des exemples de sous-graphe partiel et de sous-graphe induit sont exposés sur la figure 2.6.

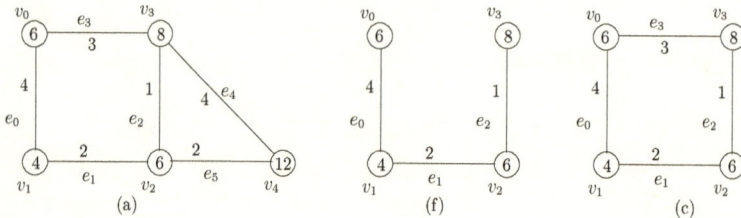

FIGURE 2.6 – Exemple d'un sous-graphe partiel (f) et d'un sous-graphe induit (c) du graphe (a).

Le graphe (f) est un sous-graphe partiel du graphe (a) car $V_f \subset V_a$ et $E_f \subset E_a$ mais ce n'est pas un sous-graphe induit car $e_3 = \{v_0, v_3\}$ n'est pas présente : a contrario, le graphe (c) contient e_3, c'est un sous-graphe induit de (a).

La *relation d'inclusion dans les graphes* se note $\sqsubseteq$ (définition 2.5.7) : si G' est un sous-graphe de G alors on notera $G' \sqsubseteq G$.

Définition 2.5.7 (Relation d'inclusion dans les graphes) $\sqsubseteq$ *est une relation binaire d'ordre dans les graphes :*
  – *pour tout graphe* G, $G \sqsubseteq G$: $\sqsubseteq$ *est* reflexive.
  – *pour toute paire de graphes* G *et* G', *si* $G \sqsubseteq G'$ *et* $G' \sqsubseteq G$ *alors* $G = G'$: $\sqsubseteq$ *est* antisymétrique.
  – *soient* G, G' *et* G'' *trois graphes, si* $G \sqsubseteq G'$ *et* $G' \sqsubseteq G''$ *alors* $G \sqsubseteq G''$: $\sqsubseteq$ *est* transitive.

Notons que la relation d'inclusion dans les graphes est une relation d'ordre partiel. Nous donnons maintenant la définition d'un *isomorphisme de sous-graphes* (définition 2.5.8).

Définition 2.5.8 (Isomorphisme de sous-graphes) *Soit $G = (V, E)$ et $G' = (V', E')$ deux graphes. Le problème de l'isomorphisme de sous-graphes entre G et G' consiste à trouver un isomorphisme de graphes entre G' et un sous-graphe de G.*

Le problème de l'isomorphisme de sous-graphes est NP-COMPLET [Garey 90]. Les principaux algorithmes permettant de résoudre le problème d'isomorphisme de sous-graphes sont de nature combinatoire, ils peuvent être considérés comme des évolutions de l'algorithme proposé par J. R. ULLMANN en 1976 [Ullmann 76]. Par la suite, nous appellerons sous-graphe d'un graphe G tout graphe isomorphe à un sous-graphe de G. Nous appellerons *plongement* (ou *occurrence*) d'un graphe G' un isomorphisme qui identifie G' avec un sous-graphe de G.

Comme les chemins et les cycles, les *arbres* sont un cas précis de graphes (définition 2.5.9)

Définition 2.5.9 (Arbre) *Un arbre est un graphe connexe ne comportant aucun cycle comme sous-graphe.*

Comme illustration, les graphes (d) et (e) exposés sur la figure 2.5 sont deux arbres. Lorsque les graphes sont des arbres, la complexité de l'isomorphisme de graphes est linéaire : $O(n)$ avec n le nombre de sommets dans le graphe.

Application à nos travaux

Il existe différents algorithmes et outils pour réaliser un appariement entre graphes à la fois par le biais de tests d'isomorphismes de graphes (i.e. NAUTY) et tests d'isomorphismes de sous-graphes. Lors de nos travaux, nous utilisons la VFLIB : c'est une bibliothèque développée en C++ qui regroupe les principaux algorithmes pour réaliser des tests d'appariements entre graphes [Cordella 04] [19].

L'isomorphisme de graphes et l'isomorphisme de sous-graphes constituent les deux verrous majeurs en fouille de graphes. Ces deux verrous sont, avec la génération de graphes sans doublons, les principales problématiques rencontrées lors de l'extraction de sous-graphes fréquents dans une base de graphes.

2.6 Extraction des sous-graphes fréquents

Une *base de graphes* est un multi-ensemble de graphes : un même graphe peut y apparaître plusieurs fois. Nous qualifions de *sous-ensemble* toute partie d'une base de

---

19. La VFLIB est téléchargeable depuis http://www.cs.sunysb.edu/~algorith/implement/vflib/implement.shtml.

graphes ; ici un sous-ensemble d'une base de graphes est donc un multi-ensemble.

Au chapitre 3, nous proposons une méthode d'extraction de motifs de graphes à partir d'une base de graphes. Notre méthode repose sur l'utilisation de sous-graphes fréquents. Dans cette section, nous introduisons le lecteur à la problématique de l'extraction des sous-graphes fréquents (paragraphe 2.6.1). Nous verrons qu'il existe deux grandes familles d'algorithmes exécutant cette tâche : ils se distinguent par la technique de génération des sous-graphes candidats. Cette génération peut se faire par parcours en largeur (paragraphe 2.6.2) ou par parcours en profondeur de l'espace des graphes candidats (paragraphe 2.6.3).

2.6.1   Définition de la problématique

Dans la section précédente, nous avons défini les notions de correspondances entre graphes et notamment l'inclusion d'un graphe dans un autre. L'application de la relation d'inclusion entre graphes dans une base de graphes permet de définir les notions d'*extension d'un graphe*, de *support d'un graphe* et de *fréquence d'un graphe* (définition 2.6.1).

Définition 2.6.1 *Soit $\mathcal{D}$ une base de graphes.*
- *L'extension d'un graphe G' dans $\mathcal{D}$ correspond à l'ensemble des graphes $G \in \mathcal{D}$ dont G' est un sous-graphe : elle est notée $\mathcal{E}_{\mathcal{D}}(G') = \{G \in \mathcal{D} \mid G' \sqsubseteq G\}$.*
- *Le support d'un graphe G' dans $\mathcal{D}$ correspond à la cardinalité de l'extension de G' dans $\mathcal{D}$: il est noté $\mathcal{S}_{\mathcal{D}}(G') = \mid \mathcal{E}_{\mathcal{D}}(G') \mid$.*
- *La fréquence d'un graphe G' dans la base de graphes $\mathcal{D}$ correspond au ratio du support de G' dans $\mathcal{D}$ sur la cardinalité de $\mathcal{D}$:*
  elle est notée $\mathcal{F}_{\mathcal{D}}(G') = \frac{\mathcal{S}_{\mathcal{D}}(G')}{|\mathcal{D}|}$.

La figure 2.7 donne l'exemple de la base de graphes $\mathcal{D}$ composée de trois graphes (a), (g) et (h).

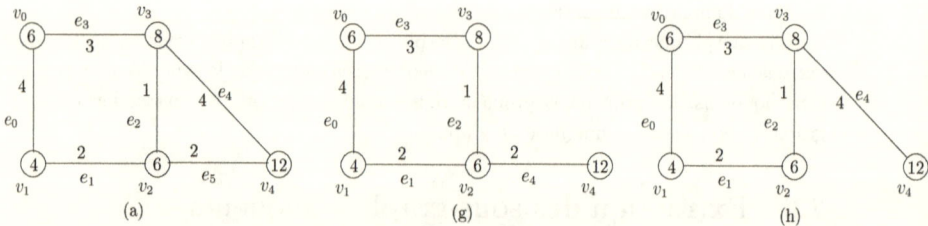

FIGURE 2.7 – Exemple d'une base de graphes $\mathcal{D}$.

Soit le graphe (c) de la figure 2.6. L'extension de (c) dans $\mathcal{D}$ est $\mathcal{E}_{\mathcal{D}}((c)) = \{(a), (g), (h)\}$, son support vaut 3 donc sa fréquence est de $\frac{3}{3} = 100\%$. Notons que la multiple apparition d'un graphe dans un graphe d'entrée n'est pas pris en compte dans le cas de la problématique de l'extraction de sous-graphes fréquents depuis une base de graphes.

Au chapitre 3, nous utiliserons la notion de *graphe fermé* dans nos méthodes. Un *graphe fermé* est défini de la même façon qu'un motif fermé [Yan 03a] (définition 2.6.2).

Définition 2.6.2 (Graphe fermé) *Soit $\mathcal{D}$ une base de graphes. Le graphe G est un graphe fermé dans $\mathcal{D}$ si et seulement s'il n'existe aucun graphe G', différent de G, tel que $G \sqsubseteq G'$ et $\mathcal{E}_\mathcal{D}(G) = \mathcal{E}_\mathcal{D}(G')$.*

Comme exemple, le graphe (c) de la figure 2.6 est fermé dans la base de graphes $\mathcal{D}$ de la figure 2.7.

Problématiques de l'extraction des sous-graphes fréquents

Les travaux que nous présentons au chapitre 3 repose sur l'utilisation des sous-graphes fréquents extraits d'une base de graphes. En fouille de graphes, l'*extraction de sous-graphes fréquents* à partir d'une base de graphes est donnée par la définition 2.6.3

Définition 2.6.3 (Extraction des sous-graphes fréquents) *Soit une base de graphes $\mathcal{D}$ et un seuil de fréquence minimum f_{min}, l'extraction de sous-graphes fréquents consiste à trouver tous les graphes étant sous-graphes dans au moins f_{min} graphes de $\mathcal{D}$.*

Nous donnons maintenant une propriété sur *l'inclusion de l'extension par rapport à la relation d'inclusion entre graphes* (propriété 2.6.1).

Propriété 2.6.1 (Inclusion de l'extension par rapport à $\sqsubseteq$) *Soient $\mathcal{D}$ une base de graphes, G et G' deux graphes. Si $G \sqsubseteq G'$ alors $\mathcal{E}_\mathcal{D}(G') \subset \mathcal{E}_\mathcal{D}(G)$.*

En conséquence, la fréquence est anti-monotone par rapport à l'inclusion entre graphes.

Démonstration Soient $\mathcal{D}$ une base de graphes, G et G' deux graphes tels que $G \sqsubseteq G'$. Soit $G'' \in \mathcal{D}$ tel que $G'' \in \mathcal{E}_\mathcal{D}(G')$. Par définition, nous avons $G' \sqsubseteq G''$. La relation $\sqsubseteq$ étant transitive, si $G' \sqsubseteq G''$ et que $G \sqsubseteq G'$ alors $G \sqsubseteq G'' : G'' \in \mathcal{E}_\mathcal{D}(G)$. Nous pouvons donc conclure que $\mathcal{E}_\mathcal{D}(G') \subset \mathcal{E}_\mathcal{D}(G)$. Par suite, $\mathcal{F}(G', \mathcal{D}) \leq \mathcal{F}(G, \mathcal{D})$.

Conséquence L'anti-monotonicité de la fréquence par rapport à l'inclusion d'un graphe dans un autre graphe permet de distinguer deux propriétés intéressantes pour l'extraction des sous-graphes fréquents :
- si G' est un graphe fréquent dans $\mathcal{D}$ selon f_{min} alors tout sous-graphe de G' est un graphe fréquent dans $\mathcal{D}$ selon f_{min}.
- nous obtenons une condition d'élagage importante pour la génération des sous-graphes fréquents dans une base de graphes : si un graphe G' n'est pas fréquent, il est inutile de générer ses « super-graphes » ($\{G : G' \sqsubseteq G\}$).

De plus, la connaissance de la propriété 2.6.1 permet de limiter les isomorphismes de sous-graphes à effectuer lors du calcul de l'extension d'un sous-graphe candidat.

L'extraction de sous-graphes fréquents consiste habituellement à répéter deux étapes de base [Yan 06]. Lors de la première étape des sous-graphes candidats sont générés tandis que leur fréquence est vérifiée lors de la deuxième étape. Suivant ce schéma, les deux problématiques liées à l'extraction des sous-graphes fréquents sont :

Génération de sous-graphes sans doublon : la génération des sous-graphes sans doublon est rendue difficile par le fait qu'un graphe possède beaucoup de graphes isomorphes. Pour minimiser le problème, il faut (i) limiter le nombre de graphes doublons générés et (ii) détecter rapidement si un graphe a déjà été généré.

Détecter si un graphe est un sous-graphe d'un autre graphe : pour savoir si un graphe est un sous-graphe d'un autre graphe, il faut effectuer un test d'isomorphisme de sous-graphes. Ce test est NP-COMPLET. Pour minimiser le problème, il faut (i) limiter le nombre de tests d'isomorphismes de sous-graphe et (ii) faciliter ces tests en profitant des connaissances acquises dans les tests précédents.

Les méthodes d'extraction de sous-graphes fréquents se distinguent selon la technique utilisée pour générer les sous-graphes candidats. Il existe différentes familles d'algorithmes [Corneil 08] : les deux familles les plus utilisées sont la génération de graphes par parcours en largeur de l'espace de graphes et la génération par parcours en profondeur de l'espace de graphes. Nous détaillons maintenant ces deux grandes familles.

2.6.2   Parcours en largeur de l'espace de graphes

Principe de fonctionnement de la méthode

L'algorithme initial de recherche de sous-graphes fréquents appelé AGM fut proposé par INOKUCHI dans [Inokuchi 00]. Cet algorithme utilise le principe de l'algorithme APRI-ORI utilisé en fouille de données attributs-valeurs. Il fait partie de la famille de génération de sous-graphes par parcours en largeur de l'espace de recherche des graphes candidats : les sous-graphes fréquents ayant une taille plus grande sont recherchés de façon ascendante par la génération de sous-graphe candidats ayant un sommet en plus. L'algorithme 1 donne les différentes étapes de l'extraction des sous-graphes fréquents.

La méthode est initiée en découvrant tous les sous-graphes fréquents de taille 1. A chaque itération, la taille des sous-graphes fréquents découverts est incrémentée de un. Les sous-graphes candidats d'une itération sont générés grâce à la fusion de sous-graphes fréquents ayant un sous-graphe commun et qui ont été découverts lors de la dernière itération de l'algorithme : deux sous-graphes fréquents G_1 et G_2 de taille k sont joints pour générer un candidat de taille $k+1$ seulement si G_1 et G_2 ont un sous-graphe commun de taille $k - 1$. La fréquence des nouveaux sous-graphes candidats est ensuite calculée. Seul les sous-graphes qui sont fréquents sont gardés pour la sortie ; ils serviront aussi à générer les sous-graphes candidats de la prochaine itération.

Algorithme 1 : Apriori($\mathcal{D}$,*minSup*,$\mathcal{G}_k$)

Entrées : $\mathcal{D}$ – une base de graphes.

$minSup$ – un support minimum.

$\mathcal{G}_k$ – l'ensemble des sous-graphes fréquents de taille k dans $\mathcal{D}$ selon $minSup$.

Sorties : $\mathcal{G}$ – l'ensemble des sous-graphes fréquents dans $\mathcal{D}$ selon $minSup$.

début

  $\mathcal{G}_{k+1} \leftarrow \emptyset$;

  pour *chaque* $g_i \in \mathcal{G}_k$ **faire**

    pour *chaque* $g_j \in \mathcal{G}_k$ **faire**

      pour *chaque graphe g de taille (k+1) formé par la réunion de g_i et g_j* **faire**

        si *g est fréquent dans $\mathcal{D}$ et $g \notin \mathcal{G}_{k+1}$* **alors**

          ajouter g dans $\mathcal{G}_{k+1}$;

  si $\mathcal{G}_{k+1} \neq \emptyset$ **alors**

    appeler Apriori($\mathcal{D}$,*minSup*,$\mathcal{G}_{k+1}$);

  retourner $\mathcal{G}$;

fin

Nous pouvons distinguer deux particularités dans cette méthode : (i) la représentation des graphes permettant de détecter les sous-graphes déjà générés, (ii) la technique de fusion de sous-graphes candidats et celle de vérification de leur fréquence.

Représentation des graphes

La *matrice d'adjacence mat* d'un graphe G à k sommets est une matrice de dimension k^2 dont l'élément $mat_{i,j}$ est le nombre d'arêtes liant le sommet i au sommet j : dans le cas de graphes simples, $mat_{i,j}$ prend soit la valeur de 1 pour indiquer la présence d'une arête soit la valeur de 0 sinon. Dans le cas de graphes étiquetés, $mat_{i,j}$ prend la valeur de l'étiquette qui relie le sommet i au sommet j. Dans le cadre d'un graphe non orienté, la matrice est symétrique. La figure 2.8 donne la matrice d'adjacence d'un graphe à k sommets.

Dans le cas de graphes simples, il n'y a pas de présence de boucle au sein du graphe : la diagonale de la matrice comporte uniquement des 0. Un graphe a plusieurs matrices d'adjacence : lors du développement de AGM, la matrice utilisée pour représenter un graphe est limitée à une forme spécifique appelée une *forme normale*. Un code est déduit de cette matrice : c'est une séquence de bits qui symbolise l'enchaînement des arêtes au sein du graphe. Le code de la matrice exposée sur la figure 2.8 est : $\text{code}(X_k)=x_{1,2}x_{1,3}x_{2,3}x_{1,4}\ldots x_{n-2,n}x_{n-1,n}$. Il est obtenu en lisant les éléments du trian-

$$X_k = \begin{pmatrix} 0 & x_{1,2} & x_{1,3} & \cdots & x_{1,k} \\ x_{2,1} & 0 & x_{2,3} & \cdots & x_{2,k} \\ x_{3,1} & x_{3,2} & 0 & \cdots & x_{3,k} \\ \vdots & \vdots & \vdots & & \vdots \\ x_{k,1} & x_{k,2} & x_{k,3} & \cdots & 0 \end{pmatrix}$$

FIGURE 2.8 – Matrice d'adjacence d'un graphe à k sommets.

gle supérieur de la matrice selon le sens de lecture des colonnes (indiqué par des flèches sur la figure 2.8). Comme il existe plusieurs codes pour le même graphe, AGM utilise un *code canonique* dont la particularité est de rester invariant selon l'ordre des sommets et des arêtes du graphes. Ce code canonique correspond au code qui réalise le minimum lexicographiquement parmi tous les codes associés aux matrices représentant le graphe étudié (les sommets sont ordonnés lexicographiquement).

Pour repérer les graphes doublons, il est possible d'effectuer un test d'isomorphisme de graphes. Cependant aucun algorithme polynomial n'a été trouvé et comme il est possible que le même graphe soit généré plusieurs fois, AGM utilise la comparaison entre code canonique. La génération d'un code canonique est de l'ordre de $e^{c'.n^{\frac{1}{2}}}$ [Babai 83] et la comparaison entre deux codes canoniques est de l'ordre de n^2.

Fusion de sous-graphes candidats et vérification de leur fréquence

Deux sous-graphes fréquents G_1 et G_2 de taille k sont joints pour générer un candidat de taille $k+1$ seulement si G_1 et G_2 ont un sous-graphe commun de taille $k-1$: cela est appelé l'*opération de fusion*. Dans ces travaux, la taille d'un graphe G correspond au nombre de sommets dans G. Un exemple de cette opération de fusion est donné sur la figure 2.9.

Le nouveau candidat formé possède le sous-graphe commun de taille k-1 et les deux sommets additionnels venant des sous-graphes de taille k. Comme il est impossible de déterminer s'il y a une arête connectant les deux sommets supplémentaires et quelle est son étiquette, plusieurs sous-graphes candidats sont générés (cf. le trait en pointillé sur la figure 2.9) : cette incertitude se retrouve dans la matrice d'adjacence par l'apparition d'un « ? ».

Un graphe est fréquent si l'ensemble de ses sous-graphes sont fréquents. AGM utilise cette propriété pour vérifier la fréquence d'un sous-graphe candidat. Il vérifie que chaque sous-graphe de taille $k-1$ du graphe candidat G de taille k a été trouvé comme sous-graphe fréquent : si un sous-graphe de G n'est pas fréquent alors G n'est pas fréquent.

Si AGM a le mérite d'avoir été le premier algorithme de recherche de sous-graphes fréquents, il présente certains inconvénients : (i) l'opérateur de fusion est peu précis

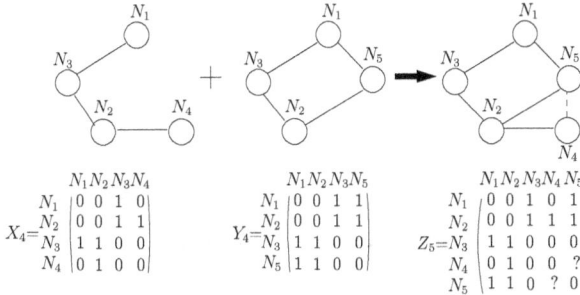

FIGURE 2.9 – Opération de fusion de sous-graphes fréquents de taille 4 pour la génération de sous-graphes candidats de taille 5 dans AGM.

et génère de nombreux graphes doublons et (ii) il consomme une grande quantité de mémoire pour stocker toutes les représentations des graphes. D'autres algorithmes de cette famille permettent de gommer en partie ces défauts. C'est le cas de l'algorithme FSG [Kuramochi 01] qui utilise une méthode de fusion de sous-graphes candidats par une opération de fusion fondée sur les arêtes : l'opérateur de fusion diminue le nombre de générations de graphes doublons sans compromettre la complétude de l'algorithme.

La problématique de la multiple génération d'un même graphe est à l'origine de l'émergence de nouvelles méthodes qui utilisent un parcours en profondeur de l'espace de recherche des graphes.

2.6.3 Parcours en profondeur de l'espace de graphes

Principe de fonctionnement de la méthode

Un graphe G peut être étendu par l'ajout d'une nouvelle arête e. Le nouveau graphe formé est dénoté par $G \diamond_x e$. L'arête e peut ou non introduire un nouveau sommet dans G. Si e introduit un nouveau sommet, nous notons le nouveau graphe par $G \diamond_{xf} e$ où f indique que l'extension est faite en avant (f pour forward). Sinon, nous notons le nouveau graphe $G \diamond_{xb} e$ où b indique que l'extension est faites en arrière (b pour backward). L'algorithme 2 illustre le cadre général de fonctionnement de la génération de sous-graphes par parcours en profondeur de l'espace de recherche des graphes.

Pour chaque graphe G découvert, l'algorithme réalise des extensions récursivement jusqu'à ce que tous les sous-graphes fréquents contenant G soit découverts. La récursivité s'arrête lorsque plus aucun sous-graphe fréquent contenant G n'ayant à être étudié ne peut être généré.

Les algorithmes de génération de sous-graphes par parcours en profondeur rencontrent également la problématique des graphes doublons. Pour minimiser ce problème, chaque

---

Algorithme 2 : Extension($G, \mathcal{D}, minSup, \mathcal{G}$)

Entrées : G – un graphe fréquent.

$\mathcal{D}$ – une base de graphes.

$minSup$ – un support minimum.

$\mathcal{G}$ – l'ensemble des sous-graphes fréquents dans $\mathcal{D}$ selon $minSup$.

Sorties : $\mathcal{G}$ – l'ensemble des sous-graphes fréquents dans $\mathcal{D}$ selon $minSup$.

début

> **si** $G \in \mathcal{G}$ **alors**
> > ⌊ **retourner** ;

> ajouter G dans $\mathcal{G}$;

> fouiller $\mathcal{D}$ une fois pour trouver toute les arêtes e tel que G puisse être étendue à $G \diamond_x e$;

> **pour** *chaque* $G \diamond_x e$ *fréquent* **faire**
> > ⌊ appeler Extension($G \diamond_x e, \mathcal{D}, minSup, \mathcal{G}$);

> **retourner** $\mathcal{G}$;

fin

---

sous-graphe fréquent doit être étendu de façon à limiter la multiple apparition du même graphe. Les algorithmes d'extraction de sous-graphes fréquents utilisant une génération de sous-graphes par parcours en profondeur se distinguent par leur méthode de restriction de l'extension : les principaux sont GSPAN [Yan 02], MOFA [Borgelt 02], FFSM [Huan 03] et GASTON [Nijssen 04]. Dans cette partie, nous prenons l'exemple de GSPAN pour illustrer ce principe et nous portons notre attention sur la méthode de réduction des graphes doublons.

Réduction du nombre de graphes doublons

Un arbre couvrant est utilisé pour parcourir un graphe en profondeur (en anglais Depth-First Search (DFS)). Initialement un sommet de départ est aléatoirement choisi et chacun des sommets visités est étendu récursivement jusqu'à ce qu'un *arbre couvrant* DFS complet soit construit. Un graphe peut avoir différents arbres couvrants DFS en fonction de l'ordre de visite des sommets, comme le montre la figure 2.10.

Le graphe (a) a trois arbres couvrants DFS (b), (c) et (d) : les étiquettes des sommets sont x, y et z, les étiquettes des arêtes sont a et b et l'ordre par défaut est l'ordre alphabétique des étiquettes. Lorsqu'un arbre couvrant DFS est construit, la séquence de visite des sommets forme un ordre linéaire total : $i < j$ signifie que v_i est visité avant v_j. Soit T un arbre couvrant DFS, nous appelons le sommet de départ dans T, v_0, la *racine* et le dernier sommet visité, v_n, le *sommet le plus à droite*. Le chemin direct entre v_0 et v_n est appelé le *chemin le plus à droite*. Sur la figure 2.10, le chemin le plus à droite est (v_0, v_1, v_3) pour les arbres couvrants DFS (b) et (c) et (v_0, v_1, v_2, v_3) pour l'arbre couvrant

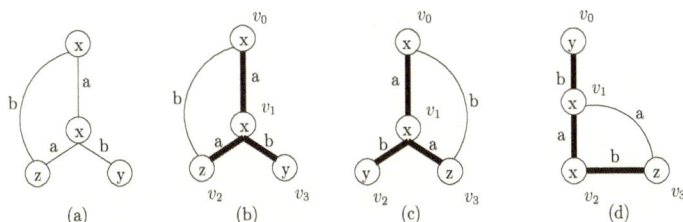

FIGURE 2.10 – Exemple d'un graphe (a) ayant trois arbres couvrants DFS (b), (c) et (d).

DFS (d).

Les travaux de GSPAN ont introduit une méthode sophistiquée d'extension de graphes : soit G un graphe et T un arbre couvrant DFS, une nouvelle arête e peut être ajoutée entre (i) le sommet le plus à droite et un autre sommet sur le chemin le plus à droite (extension en arrière) ou (ii) un nouveau sommet et un sommet sur le chemin le plus à droite (extension en avant). Comme cette extension ne concerne que le chemin le plus à droite, cette extension est appelé l'*extension sur le chemin le plus à droite*, on la note $G \diamond_r e$. Tous les graphes peuvent être générés à partir d'un sommet et d'une suite d'extensions sur le chemin le plus à droite. La figure 2.11 donne un exemple des extensions possibles sur le chemin le plus à droite.

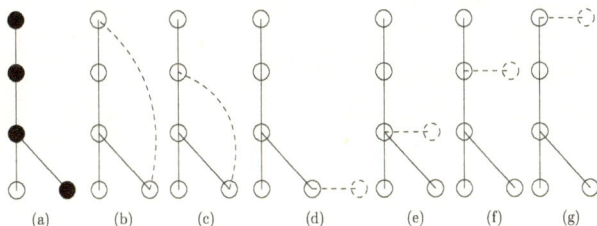

FIGURE 2.11 – Exemple des extensions possibles sur le chemin le plus à droite du graphe (a)

Le graphe (a) peut être étendu à plusieurs niveaux avec l'extension sur le chemin le plus à droite : les graphes (b) et (c) sont des extensions en arrière et les graphes (d), (e), (f) et (g) sont des extensions en avant.

Pour réduire la génération de sous-graphes doublons, chaque arbre couvrant DFS est transformé en une séquence d'arête appelée *code DFS*. Le code qui génère la séquence minimale est appelé *code DFS minimum*. Dans [Yan 03a], YAN et HAN illustrent comment construire un ordre parmi tous les codes DFS : un graphe peut avoir de multiples codes DFS mais un seul est minimum.

La figure 2.12 expose comment ranger tous les codes DFS dans un arbre de recherche

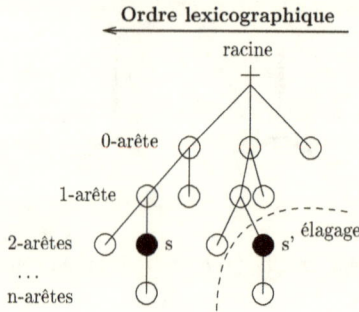

FIGURE 2.12 – Arbre de recherche lexicographique

selon l'extension la plus à droite. La racine est un code vide. Chaque nœud est un code
DFS encodant un graphe. Chaque arête représente l'extension la plus à droite depuis
un code DFS de longueur (k-1) jusqu'à un code DFS de longueur k. L'arbre lui-même
est ordonné : les nœuds de gauche sont plus petits que les nœuds de droite au sens de
l'ordre lexicographique DFS. Comme un graphe a forcément un code DFS, cet arbre de
recherche peut énumérer tous les sous-graphes possibles d'une base de graphes. Un graphe
peut avoir plusieurs codes DFS mais il n'est pas nécessaire d'appliquer l'extension la plus
à droite sur les codes DFS non minimaux. Si le code s et le code s' (c.f. figure 2.12)
encodent le même graphe et que s' n'est pas le code minimum, l'espace de recherche sous
s' peut être enlevé sans perte d'information [Yan 03a].

Au chapitre 3, nous utilisons un extracteur de sous-graphes fréquents générant les candidats par parcours en profondeur. Nous justifions ce choix par le biais d'expérimentations
réalisées dans la littérature et destinées à comparer les performances des algorithmes de
ces deux familles (voir section 3.2.2 au chapitre 3).

2.7   Conclusion sur la fouille de données à partir de graphes

Dans ce chapitre, nous avons vu que l'extraction de motifs locaux sous contraintes
est une activité très développée en fouille de données. L'utilisation de contraintes et des
propriétés associées permet d'élaguer efficacement l'espace de recherche des motifs et l'utilisation d'une représentation condensée fournissent un sous-ensemble de motifs permettant
de régénérer l'ensemble des motifs satisfaisant une contrainte. Au chapitre 3, nous proposons d'adapter ces méthodes à des graphes pour l'extraction de motifs émergents de
graphes.

L'extraction de règles d'association permet d'obtenir des règles de classification lorsque les conclusions des règles sont des classes. Un motif émergent à la faculté de révéler le contraste entre classe et c'est pourquoi nous les utilisons au chapitre 4 pour définir des processus de prédiction en (éco)toxicologie.

Chapitre 3

Motifs émergents de graphes

Sommaire

Dans ce chapitre nous présentons un nouveau type de motifs, les *motifs émergents de graphes*. Ces motifs ont l'intérêt de faire ressortir les contrastes entre deux classes de graphes. La définition de ces motifs provient directement de celle des motifs émergents dans le cas des données ensemblistes ou des séquences mais leur extraction dans des graphes pose des problèmes calculatoires supplémentaires. Nous proposons une méthode dont l'idée principale, pour surmonter ces problèmes calculatoires, repose sur un changement de description des données d'entrée pour ensuite réaliser une fouille de données dans le contexte des données ensemblistes. Notre méthode est fondée sur l'enchaînement d'une technique de recherche de sous-graphes fréquents utiliséepour changer la description des données avec une méthode récente de fouille sous contraintes dans le cas de données binaires. De plus, nous présentons une représentation condensée des motifs émergents de graphes. Ce résultat permet d'offrir un ensemble de motifs de plus petite dimension, plus facilement exploitables. Il s'agit de la première méthode de représentation condensée de ces motifs dans le cas des graphes. Ce chapitre se termine par des expérimentations précisant quantitativement la faisabilité de la méthode et la concision de la représentation condensée. Leur impact et leur utilité dans des applications chimiques sont présentés au chapitre 4.

3.1 Intérêts et problématiques des motifs émergents de graphes

Il est utile de savoir mettre en lumière le contraste entre les graphes d'un ensemble appelé *positif* et les graphes d'un autre ensemble appelé *négatif*, ces sous-ensembles formant les classes de la base de graphes. L'objectif est de rechercher les conjonctions de sous-graphes qui sont fréquentes dans les graphes positifs et peu fréquentes dans les graphes négatifs.

Motif de graphes Par la suite, nous appellerons *motif de graphes* une conjonction de graphes. Nous définissons maintenant des notions liées à la *manipulation des motifs de graphes* (définition 3.1.1). Ces notions sont utilisées lors de l'élaboration de nos méthodes d'extraction.

Définition 3.1.1 (Manipulation des motifs de graphes) *Soit* $\mathcal{D}$ *une base de graphes partitionnée en deux sous-ensembles* $\mathcal{D}_1$ *et* $\mathcal{D}_2$.

- *L'extension d'un motif de graphes* $\mathcal{G}$ *dans* $\mathcal{D}$, $\mathcal{E}_{\mathcal{D}}(\mathcal{G})$, *correspond à l'ensemble des graphes* $G \in \mathcal{D}$ *dont chaque élément de* $\mathcal{G}$ *est un sous-graphe :*
$$\mathcal{E}_{\mathcal{D}}(\mathcal{G}) = \{G \in \mathcal{D} \mid \forall g \in \mathcal{G}, g \sqsubseteq G\}.$$
- *Le support d'un motif de graphes* $\mathcal{G}$ *dans* $\mathcal{D}$, $\mathcal{S}_{\mathcal{D}}(\mathcal{G})$, *correspond à la cardinalité de l'extension de* $\mathcal{G}$ *dans* $\mathcal{D}$: $\mathcal{S}_{\mathcal{D}}(\mathcal{G}) = \mid \mathcal{E}_{\mathcal{D}}(\mathcal{G}) \mid$.
- *La fréquence d'un graphe* $\mathcal{G}$ *dans la base de graphes* $\mathcal{D}$, $\mathcal{F}_{\mathcal{D}}(\mathcal{G})$, *correspond au rapport du support de* $\mathcal{G}$ *dans* $\mathcal{D}$ *sur la cardinalité de* $\mathcal{D}$: $\mathcal{F}_{\mathcal{D}}(\mathcal{G}) = \frac{\mathcal{S}_{\mathcal{D}}(\mathcal{G})}{|\mathcal{D}|}$.
- *Le taux de croissance d'un motif de graphes* $\mathcal{G}$ *de* $\mathcal{D}_2$ *vers* $\mathcal{D}_1$, $\mathcal{GR}_{\mathcal{D}_1}(\mathcal{G})$, *correspond au rapport de la fréquence de* $\mathcal{G}$ *dans* $\mathcal{D}_1$ *sur la fréquence de* $\mathcal{G}$ *dans* $\mathcal{D}_2$:
$$\mathcal{GR}_{\mathcal{D}_1}(\mathcal{G}) = \frac{\mathcal{F}_{\mathcal{D}_1}(\mathcal{G})}{\mathcal{F}_{\mathcal{D}_2}(\mathcal{G})}.$$
- *Soient* $\mathcal{G}$ *et* $\mathcal{G}'$ *deux motifs de graphes.* $\mathcal{G}'$ *est inclus dans* $\mathcal{G}$ *si pour tout élément* g' *de* $\mathcal{G}'$ *il existe un élément* g *de* $\mathcal{G}$ *tel que* g' *est isomorphe à* g. *Nous notons l'inclusion de* $\mathcal{G}'$ *dans* $\mathcal{G}$ *par* $\mathcal{G}' \subset \mathcal{G}$.

Motif émergent de graphes Pour effectuer une recherche de contraste, nous utilisons les contraintes d'émergence et de fréquence présentées au chapitre 2 et notre objectif est d'extraire les *motifs fréquents émergents constitués de sous-graphes fréquents*, en anglais, *emerging graph pattern* [20] (définition 3.1.2).

Définition 3.1.2 (Emerging Graph Pattern (EGP)) *Soit* $f_{\mathcal{D}_1}$ *un seuil de fréquence minimum dans* $\mathcal{D}_1$. *Soit* ρ *un taux de croissance minimum de* $\mathcal{D}_2$ *vers* $\mathcal{D}_1$. *Un motif de*

---

20. Pour faciliter la lecture, nous utilisons par la suite les acronymes de différentes notions. Ces acronymes correspondent aux appellations anglaises parce qu'ils reposent sur des expressions introduites par la communauté tel que *EP* pour *Emerging Pattern*. Ils ont aussi été utilisés dans nos publications [Poezevara 09, Poezevara 11].

graphes EGP est un Emerging Graph Pattern *de* $\mathcal{D}_2$ *vers* $\mathcal{D}_1$ *(pour les paramètres* $f_{\mathcal{D}_1}$ *et* ρ*) si (i)* $\mathcal{F}_{\mathcal{D}_1}(EGP) \geq f_{\mathcal{D}_1}$ *et (ii)* $\mathcal{GR}_{\mathcal{D}_1}(EGP) \geq \rho$

Exemple L'exemple de la figure 3.1 propose un extrait d'une base de graphes molécu-laires $\mathcal{D}$ partitionnée en deux sous-ensembles. Le sous-ensemble $\mathcal{D}_1$ regroupe les graphes moléculaires positifs tandis que le sous-ensemble $\mathcal{D}_2$ contient les graphes moléculaires négatifs.

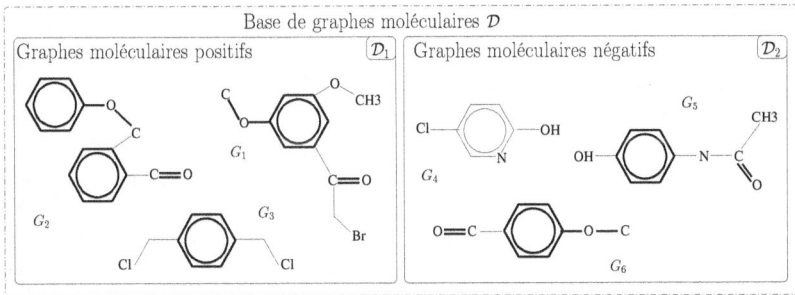

FIGURE 3.1 – Base de graphes moléculaires répartis en deux sous-ensembles, les positifs (à gauche) et les négatifs (à droite)

Considérons le motif de graphes EGP_1 représenté par la figure 3.2; EGP_1 est con-stitué des graphes SG_1, SG_2 et SG_3. Dans la base $\mathcal{D}$ de la figure 3.1, les occurrences des graphes SG_1, SG_2 et SG_3 sont indiquées en gras. Si on attribue les valeurs suivantes aux deux paramètres liés à l'extraction des EGPs, $f_{\mathcal{D}_1} = 30\%$ et $\rho = 2$, EGP_1 est un Emerging Graph Pattern, fréquent dans $\mathcal{D}_1$ et émergent de $\mathcal{D}_2$ à $\mathcal{D}_1$. En effet, les graphes SG_1, SG_2 et SG_3 apparaissent conjointement dans les graphes G_1, G_2 (de $\mathcal{D}_1$) et G_6 (de $\mathcal{D}_2$). Par conséquent, EGP_1 est fréquent dans $\mathcal{D}_1$ puisque $\mathcal{F}_{\mathcal{D}_1}(\{SG_1, SG_2, SG_3\}) = \frac{2}{3} = 66,6\% \geq f_{\mathcal{D}_1}$. De plus, comme $\mathcal{F}_{\mathcal{D}_2}(\{SG_1, SG_2, SG_3\}) = \frac{1}{3} = 33,3\%$, nous avons $\mathcal{GR}_{\mathcal{D}_1}(\{SG_1, SG_2, SG_3\}) = 2 \geq \rho$. Puisque le motif EGP_1 est fréquent dans $\mathcal{D}_1$ et émer-gent de $\mathcal{D}_2$ à $\mathcal{D}_1$, nous pouvons conclure que EGP_1 est un Emerging Graph Pattern.

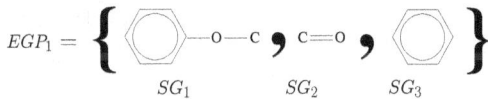

FIGURE 3.2 – Exemple d'un Emerging Graph Pattern

Les contributions liées aux Emerging Graph Patterns   Nos travaux sur les EGPs apportent deux résultats contribuant à répondre à deux verrous en fouille de graphes et en fouille de données.

La méthode naïve d'extraction des EGPs consiste à extraire les motifs de sous-graphes fréquents de $\mathcal{D}_1$, à calculer l'extension de ceux-ci dans $\mathcal{D}_2$ en réalisant de multiples tests d'isomorphismes de sous-graphes et enfin à déduire le taux de croissance de tous les motifs fréquents de graphes pouvant être générés de $\mathcal{D}_1$. Les étapes de calcul de l'extension des motifs de sous-graphes fréquents dans les graphes sont extrêmement gourmandes en calcul. La première contribution de nos travaux repose sur un changement de représentation des graphes d'entrée en données tabulaires. En jouant habilement avec les tests d'isomorphismes de sous-graphes, nous proposons une méthode d'extraction des EGPs qui limite le verrou calculatoire posé par la méthode naïve.

Les motifs extraits se comptent en milliers, en millions ou en milliards selon la base de données. L'ensemble des EGPs est bien trop grand pour qu'une analyse par un expert puisse être pratiquée sur celui-ci. La deuxième contribution est une représentation condensée des EGPs fondée sur les propriétés des motifs fréquents fermés et sur l'utilisation de graphes comme attributs. Cette représentation permet de réduire significativement le nombre de motifs produits et le nombre d'attributs dans chaque motif. Nous proposons un ensemble synthétique de motifs facilitant les usages dont son analyse par un expert, limitant ainsi le verrou d'interprétation des EGPs.

Plan de lecture du chapitre   Dans la section 3.2, les différentes étapes de la méthode d'extraction des EGPs sont exposées. La section 3.3 présente la représentation condensée que nous proposons pour l'ensemble des EGPs ainsi que la méthode d'extraction. L'évaluation quantitative de la méthode d'extraction et de la représentation condensée est réalisée avec une série d'expériences sur des graphes moléculaires dans la section 3.4. Nous pourrons ainsi juger de la faisabilité et de l'efficacité de la méthode d'extraction mais également de la concision de la représentation condensée en concluant dans la section 3.5.

3.2   Extraction des motifs émergents de graphes

Cette section se focalise sur la méthode d'extraction des EGPs. Cette méthode s'appuie sur un changement de représentation des graphes d'entrée en données tabulaires. Ce changement de représentation conduit à décrire les graphes d'entrée avec des sous-graphes fréquents [Inokuchi 05] comme attributs. Les contraintes d'émergence [Dong 99a] et de fréquence sont ensuite appliquées sur ces données tabulaires pour extraire les EGPs.

Dans le paragraphe 3.2.1, le principe de la méthode de changement de représentation des graphes d'entrée en données tabulaires est expliqué. Ce changement de représentation s'appuie sur un ensemble de sous-graphes fréquents jouant le rôle de descripteurs des graphes d'entrée. Le paragraphe 3.2.2, expose la technique utilisée pour extraire les sous-graphes fréquents du sous-ensemble des graphes positifs. En complément, le paragraphe 3.2.3 explique l'idée développée pour obtenir rapidement l'extension des sous-graphes fréquents dans le sous-ensemble des graphes négatifs. Enfin, la méthode d'extraction des EGPs fondée sur la nouvelle représentation des graphes d'entrée est donnée dans le paragraphe 3.2.4.

3.2.1 Changement de représentation des graphes

Le changement de représentation d'un graphe en une donnée tabulaire consiste à décrire ce graphe en indiquant la présence ou l'absence de certains graphes descripteurs en son sein. Nous utilisons les sous-graphes fréquents issus du sous-ensemble de graphes positifs comme descripteurs de graphes. Comme un motif de graphes apparaît dans un graphe G seulement si tous ses éléments sont des sous-graphes de G, nous pouvons en déduire la propriété 3.2.1.

Propriété 3.2.1 (Borne de la fréquence d'un motif de graphes) *Soit $\mathcal{D}$ une base de graphes et $\mathcal{G} = \{g_1, \ldots, g_p\}$ un motif de graphe. Nous avons : $\mathcal{F}_\mathcal{D}(\mathcal{G}) \leq \mathcal{F}_\mathcal{D}(g_i), \forall\, i \in 1, \ldots p$.*

Application La propriété 3.2.1 assure qu'un motif de graphes est fréquent seulement si tous ses éléments sont fréquents. En représentant un graphe seulement à partir de ses sous-graphes fréquents, le changement de représentation facilite l'extraction des EGPs. Après avoir décrit les graphes d'entrée grâce aux sous-graphes fréquents, l'extraction des EGPs revient à une extraction dans un contexte de fouille de données binaires. Ce changement a deux avantages :

    i) Les nouveaux attributs sont des sous-graphes fréquents, cela réduit l'espace de recherche des motifs de graphes candidats.

    ii) Nous revenons à un contexte de fouille de données binaires, ce qui permet de tirer profit de l'efficacité des logiciels expérimentaux extrayant les motifs sous la contrainte d'émergence.

Ce changement de représentation est appelé la *description binaire d'un graphe* (définition 3.2.1).

Définition 3.2.1 (Description binaire d'un graphe) *Soit $\mathcal{A} = (a_1, \ldots, a_m)$ une liste de graphes considérés comme des attributs. La description binaire d'un graphe G, fondée sur les occurrences de $\mathcal{A}$, est une liste de valeurs binaires $d = (b_i, 1 \leq i \leq m : b_i = 1$ si l'attribut graphe a_i est un sous-graphe de $G, b_i = 0$ sinon).*

Cette notion est étendue à *la description binaire d'une base de graphes* (Définition 3.2.2).

Définition 3.2.2 (Description binaire d'une base de graphes) *La* description binaire d'une base de graphes $\mathcal{D} = \{G_1, \ldots, G_n\}$, *fondée sur les occurrences de* $\mathcal{A}$, *correspond au multi-ensemble* $\mathcal{D}' = \{d_i, 1 \le i \le n\}$ *où chaque* d_i *est la description du graphe correspondant* G_i, *fondée sur les occurrences de* $\mathcal{A}$.

Exemple Considérons les graphes moléculaires de la figure 3.1 comme base de graphes et les graphes (SG_1, SG_2, et SG_3) de la figure 3.2 formant la liste d'attributs : $\mathcal{D} = \{G_1, \ldots, G_6\}$ et $\mathcal{A} = (SG_1, SG_2, SG_3)$. Comme SG_1, SG_2 et SG_3 sont tous sous-graphes de G_2, la description binaire de G_2 fondée sur les occurrences de (SG_1, SG_2, SG_3) est $(1, 1, 1)$. La description binaire de $\mathcal{D}$ fondée sur (SG_1, SG_2, SG_3) est donnée par la figure 3.3 qui résume le processus complet du changement de description.

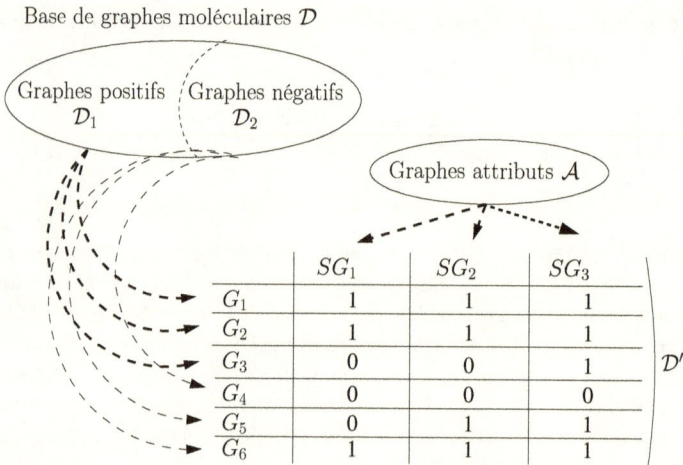

Base de graphes moléculaires $\mathcal{D}$

Graphes positifs $\mathcal{D}_1$ / Graphes négatifs $\mathcal{D}_2$

Graphes attributs $\mathcal{A}$

	SG_1	SG_2	SG_3
G_1	1	1	1
G_2	1	1	1
G_3	0	0	1
G_4	0	0	0
G_5	0	1	1
G_6	1	1	1

$\mathcal{D}'$

FIGURE 3.3 – Description d'une base de graphes fondée sur les occurrences d'une liste de graphes attributs

Nous appelons $\mathcal{D}'$ la description binaire de $\mathcal{D}$ fondée sur les occurrences de la liste de graphes (SG_1, SG_2 et SG_3).

Remarques Chaque graphe d'entrée représente un élément de $\mathcal{D}$. Cela signifie que lorsqu'un graphe d'entrée apparaît deux fois dans $\mathcal{D}$ (G_i est isomorphe à G_j avec $i \ne j$), G_i et G_j sont considérés comme deux éléments de $\mathcal{D}$. De la même manière, chaque description d'un graphe d'entrée est considérée comme un seul élément de $\mathcal{D}'$. Ainsi, chaque graphe de la base de graphes $\mathcal{D}$ possède sa propre description binaire dans le multi-ensemble $\mathcal{D}'$, le multi-ensemble $\mathcal{D}$ est en bijection avec le multi-ensemble $\mathcal{D}'$. $\mathcal{D}$ et $\mathcal{D}'$ étant deux ensembles contenant le même nombre d'objets, la fréquence des motifs de graphes, constitués des graphes attributs utilisés dans la description, est conservée entre la description d'entrée $\mathcal{D}$ et la description $\mathcal{D}'$. Par ailleurs, notons que ce changement de représentation n'est pas réversible : il n'est pas assuré de pouvoir générer les graphes d'entrée à partir de la description binaire fondée sur les occurrences des graphes attributs.

Pour des raisons de simplicité d'expression, nous utiliserons le terme « description binaire » pour parler de la description binaire fondée sur les occurrences d'une liste de graphes attributs.

Conséquence Dans le cadre de l'extraction des Emerging Graph Patterns, ce changement de description permet de revenir à un contexte de fouille de données binaires dans lequel des transactions sont décrites par des valeurs d'attributs. Nous prenons l'ensemble des sous-graphes fréquents de $\mathcal{D}_1$ comme base pour la liste des attributs (l'ordre dans lequel sont considérés les attributs importe peu ici). L'extraction des EGPs est équivalente d'une représentation sur l'autre comme l'énonce la proposition 3.2.2.

Proposition 3.2.2 (Équivalence de la fouille des EGPs) *Soient $\mathcal{D}$ une base de graphes partitionnée en deux sous-ensembles $\mathcal{D}_1$ et $\mathcal{D}_2$, $f_{\mathcal{D}_1}$ un seuil de fréquence minimum dans $\mathcal{D}_1$ et ρ un taux de croissance de $\mathcal{D}_2$ à $\mathcal{D}_1$. Soit $\mathcal{A}$ l'ensemble de sous-graphes fréquents de l'ensemble $\mathcal{D}_1$: $\mathcal{A} = \{a | \mathcal{F}_{\mathcal{D}_1}(a) \geq f_{\mathcal{D}_1}\}$. Un motif de graphe $\mathcal{G} = \{g_1, \ldots, g_p\}$ est un EGP de $\mathcal{D}_2$ à $\mathcal{D}_1$ si $\{g_1, \ldots, g_p\}$ est un motif fréquent dans $\mathcal{D}_1$ et émergent de $\mathcal{D}_2$ à $\mathcal{D}_1$ dans la description de $\mathcal{D}$ fondée sur les occurrences de $\mathcal{A}$.*

Preuve de la proposition 3.2.2 $\mathcal{D}'$ représente la description de la base de graphes $\mathcal{D}$ fondée sur les occurrences de $\mathcal{A}$, $\mathcal{D}'_1$ (respectivement $\mathcal{D}'_2$) la description de $\mathcal{D}_1$ (respectivement $\mathcal{D}_2$) fondée sur les occurrences de $\mathcal{A}$. Grâce à la propriété 3.2.1, le fait que $\mathcal{G} = \{g_1, \ldots, g_p\}$ soit un EGP implique que g_i est un graphe fréquent dans $\mathcal{D}_1$, $\forall\, 1 \leq i \leq p$. En conséquence, $\{g_1, \ldots, g_p\}$ est un motif de $\mathcal{D}'$. Par construction, nous avons : $\mathcal{S}_{\mathcal{D}}(\mathcal{G}) = \mathcal{S}_{\mathcal{D}'}(\{g_1, \ldots, g_p\}), \mathcal{S}_{\mathcal{D}_1}(\mathcal{G}) = \mathcal{S}_{\mathcal{D}'1}(\{g_1, \ldots, g_p\})$ et $\mathcal{S}_{\mathcal{D}_2}(\mathcal{G}) = \mathcal{S}_{\mathcal{D}'2}(\{g_1, \ldots, g_p\})$. La proposition 3.2.2 est une conséquence immédiate de ces égalités.

Conséquences de la proposition 3.2.2 Ajoutée à la description de $\mathcal{D}$ fondée sur l'ensemble des sous-graphes fréquents dans $\mathcal{D}_1$, cette proposition mène à une méthode de calcul limitant le nombre de motifs candidats générés. La relation d'inclusion définie entre deux ensembles peut naturellement être utilisée comme une relation spécifique dans le contexte des motifs de graphes. Avec la relation d'inclusion donnée dans la définition 3.1.1, la fréquence satisfait la propriété d'anti-monotonicité [Mannila 97] suivant la relation d'inclusion (i.e. $\mathcal{G}' \subset \mathcal{G}$ implique que $\mathcal{S}_{\mathcal{D}}(\mathcal{G}) \leq \mathcal{S}_{\mathcal{D}}(\mathcal{G}')$) alors que l'émergence ne la satisfait pas (voir la définition 2.2.12). Une génération successive de chaque motif de graphes candidat est requise pour vérifier qu'un candidat satisfait les deux contraintes. Comme l'élagage repose uniquement sur la fréquence, cette génération ne peut pas être appliquée à cause du trop grand nombre de candidats. La proposition 3.2.2 assure que les EGPs ne peuvent venir que de l'ensemble des sous-graphes fréquents de $\mathcal{D}_1$. Comme ces descripteurs doivent satisfaire un seuil de fréquence, nous pouvons alors bénéficier de l'élagage des candidats issu de la contrainte de fréquence très tôt dans le calcul.

Méthode du changement de représentation des graphes   La méthode du changement de représentation des graphes d'entrée en données tabulaires est donnée par la figure 3.4.

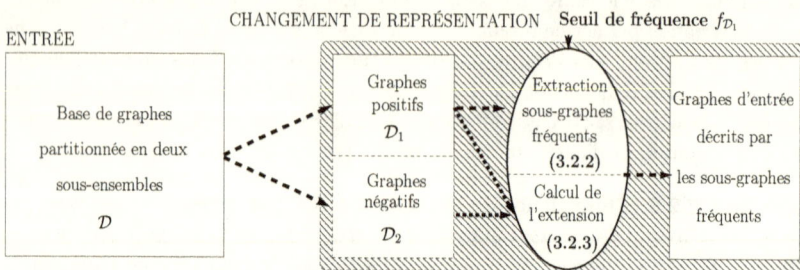

FIGURE 3.4 – Méthode de changement de représentation des graphes d'entrée en données tabulaires

La base de graphes en entrée est partitionnée en deux sous-ensembles, $\mathcal{D}_1$ contient les graphes positifs et $\mathcal{D}_2$ contient les graphes négatifs. Le changement de représentation des graphes s'appuie sur l'utilisation de sous-graphes fréquents extraits de $\mathcal{D}_1$ comme attributs (paragraphe 3.2.2) et sur le calcul de l'extension de ces sous-graphes dans toute la base de données (paragraphe 3.2.3).

3.2.2   Extraction des sous-graphes fréquents

La première étape de notre méthode de changement de représentation consiste à extraire les sous-graphes fréquents de l'ensemble des graphes positifs.

Sélection de l'extracteur de sous-graphes fréquents   À la section 2.6 du chapitre 2, nous avons introduit le problème d'extraction des sous-graphes fréquents et nous avons vu qu'il existait deux grandes familles d'algorithmes d'extraction de sous-graphes fréquents : les algorithmes parcourant l'espace de recherche des graphes en largeur et ceux le parcourant en profondeur.

Dans [Cook 06] une série d'expériences compare ces deux familles d'algorithmes lorsque les données d'entrée sont des graphes moléculaires. Les algorithmes parcourant l'espace de recherche des graphes en largeur sont plus rapides tandis que les algorithmes la parcourant en profondeur consomment moins de mémoire. Cependant le temps de calcul des algorithmes de cette deuxième famille est très acceptable et dans notre contexte expérimental nous sommes beaucoup plus contraints par l'espace mémoire disponible. De ce fait nous avons décidé d'utiliser un algorithme de la famille « Génération de sous-graphes par extension ».

Les travaux de [Wörlein 05] comparent les principaux algorithmes de cette famille : MoFa [Borgelt 02], GSPAN [Yan 02], FFSM [Huan 03] et GASTON [Nijssen 04]. Lorsqu'il s'agit de fouiller des graphes moléculaires, GASTON est le plus rapide. Cet algorithme utilise le « principe du départ rapide », que nous explicitons maintenant, pour limiter les tests d'isomorphismes de graphes et la génération de sous-graphes candidats.

Principe du départ rapide La génération des sous-graphes candidats est ordonnée selon leur complexité. Les chemins candidats sont générés en premier. Puis la génération des arbres candidats est fondée sur l'extension des chemins fréquents. De la même façon, les sous-graphes candidats comportant un cycle sont générés à partir des arbres fréquents. Le gain sur les coûts dûs aux nombreux tests d'isomorphismes de sous-graphes se concrétise de deux façons : (i) le test d'isomorphisme dans le cas de chemins (respectivement d'arbres) est plus simple que dans le cas d'arbres (respectivement de sous-graphes comportant un cycle) et (ii) le test d'isomorphisme des arbres (respectivement des sous-graphes comportant un cycle) est simplifié par la connaissance des isomorphismes des chemins (respectivement des arbres).

Le code source de GASTON est téléchargeable sur http://www.liacs.nl/home/ snijssen/gaston/ sous license GNU GPL version 2[21]. La version choisie de GASTON nous permet d'obtenir l'extension des sous-graphes fréquents dans le sous-ensemble des graphes positifs.

Application GASTON est utilisé pour extraire les sous-graphes fréquents de l'ensemble des graphes positifs. Cette étape nécessite l'utilisation d'un seuil de fréquence minimum $f_{\mathcal{D}_1}$ stipulant le support minimum qu'un sous-graphe doit avoir dans $\mathcal{D}_1$ afin d'être déclaré fréquent. En sortie nous obtenons l'ensemble des sous-graphes fréquents de $\mathcal{D}_1$ ainsi que la description binaire de $\mathcal{D}_1$.

3.2.3 Calcul de l'extension complète des sous-graphes fréquents

La recherche des sous-graphes fréquents dans $\mathcal{D}_1$ permet d'obtenir les descripteurs qui seront utilisés dans la description binaire de $\mathcal{D}$ et celle de $\mathcal{D}_1$. Il reste à obtenir la description binaire de $\mathcal{D}_2$. La méthode utilisée dans [Poezevara 09] consiste à réaliser un test

---

21. http://www.gnu.org/licenses/gpl/html

d'isomorphisme de sous-graphe entre chaque sous-graphe fréquent et chaque graphe appartenant au sous-ensemble $\mathcal{D}_2$. Dans ce paragraphe, nous proposons une idée améliorant cette méthode.

Optimiser les tests d'isomorphismes de sous-graphes Une méthode générale de test d'isomorphisme de sous-graphe traite un problème avec deux graphes en entrée : un graphe cible G_{cib} et un graphe candidat G_{cand}. Ce test permet de répondre à la question : est-ce que G_{cand} est un sous-graphe de G_{cib}? Ce test peut également prendre en compte comme entrée supplémentaire les résultats d'isomorphisme entre G_{cib} et des sous-graphes de G_{cand}. Cette entrée supplémentaire est exploitée par les extracteurs de sous-graphes fréquents permettant ainsi d'économiser énormément de ressources de calcul.

Exemple La figure 3.5 donne un exemple concret de mise en œuvre de la remarque du paragraphe précédent.

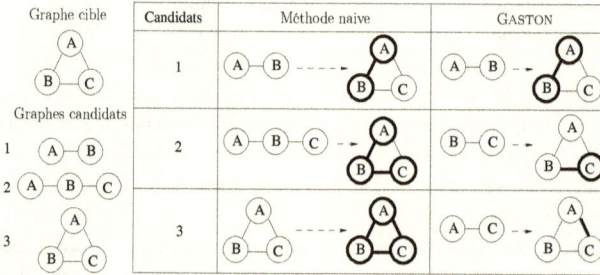

FIGURE 3.5 – Tester l'isomorphisme de l'extension d'un sous-graphe plutôt que le sous-graphe entier.

Dans notre exemple, le graphe candidat 2 est une extension du graphe candidat 1 (ajout du sommet C et de l'arête entre B et C) et le graphe candidat 3 est une extension du graphe candidat 2 (ajout de l'arête entre C et A). Dans l'optique de décider si les graphes candidats 1, 2 et 3 sont des sous-graphes du graphe cible, un algorithme de test d'isomorphisme de sous-graphe essaie d'assimiler chaque sommet et chaque arête dans le graphe cible pour chaque graphe candidat. Avec un extracteur de sous-graphes fréquents la correspondance [22] entre le graphe cible et le graphe candidat 1 est mémorisée. Quand l'extracteur essaie de plonger le graphe candidat 2 dans le graphe cible, il essaie simplement d'associer le sommet C et l'arête entre B et C aux endroits où il a fait correspondre le graphe candidat 1. Puis la correspondance entre le graphe candidat 2 et le graphe cible est aussi mémorisée. Pour le graphe candidat 3, il essaie simplement d'associer l'arête entre A et C. Le gain de calcul obtenu par l'utilisation d'un extracteur est flagrant sur l'exemple

---

22. Notons qu'il peut y avoir plusieurs solutions d'isomorphisme de sous-graphe entre deux graphes.

du graphe candidat 3 : sans mémorisation du plongement des graphes candidat 1 et 2 dans le graphe cible, le test d'isomorphisme aurait compté le plongement des sommets A, B et C ainsi que des arêtes $\{A, B\}$ et $\{B, C\}$ en plus.

Adaptation de GASTON Nous avons modifié GASTON pour intégrer de l'information mémorisée concernant les tests d'isomorphismes de sous-graphes déjà réalisés. L'objectif de cette modification est de mettre en place une stratégie pour obtenir efficacement la description de $\mathcal{D}_2$ sachant les sous-graphes fréquents de $\mathcal{D}_1$. Au lieu de calculer la fréquence de chaque sous-graphe fréquent potentiel de $\mathcal{D}_2$, nous calculons seulement celle des sous-graphes fréquents de $\mathcal{D}_1$. Cette stratégie consiste à : (i) trier la base des graphes de façon à mettre les graphes appartenant à $\mathcal{D}_1$ avant les graphes appartenant à $\mathcal{D}_2$ et (ii) indiquer à GASTON la cardinalité du sous-ensemble $\mathcal{D}_1$. Cette modification est indiquée sur l'algorithme 3.

Algorithme 3 : Obtenir toute l'extension des sous-graphes fréquents

Entrées : $\mathcal{D}$ – une base de m graphes partitionnée en deux et triée ($\mathcal{D}_1$ avant $\mathcal{D}_2$).
$minSup$ – un support minimum.
$size_P$ – le nombre de graphes positifs de $\mathcal{D}$.
Sorties : $\mathcal{G}$ – l'ensemble des sous-graphes fréquents dans $\mathcal{D}$ selon $minSup$.
$\mathcal{E}$ – l'ensemble des extensions de chaque élément de $\mathcal{G}$ dans $\mathcal{D}$.
Données : $genere(i)$ – méthode de génération des sous-graphes candidats.
$\mathcal{C}$ – un sous-graphe candidat.
$\mathcal{EC}$ – l'extension d'un sous-graphe candidat dans $\mathcal{D}$.
occ – le support d'un sous-graphe candidat dans $\mathcal{D}$.
début

    /* initialisation   */
    $k = 0$;
    tant que $(\mathcal{C}_i \leftarrow genere(i)) \neq 0$ **faire**
        $occ = 0$;
        pour $j \in \{1 \dots m\}$ **faire**
            si $\mathcal{C}_i \sqsubseteq \mathcal{D}_j$ **alors**
                $\mathcal{EC}_i \leftarrow \mathcal{D}_j$;
                si $j \leq size_P$ **alors**
                    $occ + +$;
        si $occ \geq minSup$ **alors**
            $\mathcal{G}_k \leftarrow \mathcal{C}_i$;
            $\mathcal{E}_k \leftarrow \mathcal{EC}_i$;
            $k + +$;
    retourner $(\mathcal{G}, \mathcal{E})$;
fin

Grâce à la variable $size_P$, qui vaut $|\mathcal{D}_1|$, GASTON connaît le dernier indice du graphe de $\mathcal{D}$ pouvant incrémenter la fréquence d'un sous-graphe candidat. Cette modification permet d'obtenir exactement le même ensemble de sous-graphes fréquents que lors de l'utilisation de la version de GASTON non modifiée et les extensions des sous-graphes fréquents dans le sous-ensemble $\mathcal{D}_2$. La sortie de GASTON fournit la description binaire de $\mathcal{D}$ fondée sur les occurrences des sous-graphes fréquents extraits de $\mathcal{D}_1$.

3.2.4   Extraction des motifs émergents dans la nouvelle représentation

Une fois le changement de description réalisé nous avons une base de données de transactions décrites par des attributs binaires. Nous disposons alors de méthodes correctes et complètes capables d'extraire des motifs sous des contraintes variées, incluant la contrainte d'émergence. Nous utilisons ici MUSIC-DFS [Soulet 05]. L'efficacité de MUSIC-DFS repose sur une stratégie de génération de candidats en profondeur et sur une capacité à élaguer l'espace de recherche. Les conditions d'élagage sont fondées sur l'utilisation d'*intervalles*. Un *intervalle* est un ensemble de motifs compris entre un motif libre et sa fermeture préfixée [Soulet 07]. Un intervalle est donc une classe d'équivalence (voir la section 2.3, page 49). MUSIC-DFS produit une représentation condensée exacte composée de ces intervalles. Dans notre contexte, cette méthode produits tous les Emerging Graph Patterns qui sont fréquents dans $\mathcal{D}_1$ et émergents de $\mathcal{D}_2$ à $\mathcal{D}_1$. Pour rappel, la figure 3.2 donne l'exemple d'un Emerging Graph Pattern extrait de la base de graphes moléculaires $\mathcal{D}$ présenté sur la figure 3.1.

3.3   Représentation condensée des motifs émergents de graphes

Les Emerging Graph Patterns (EGPs) sont des motifs de graphes représentant des différences entre deux ensembles de graphes. Les dimensions (nombre de motifs et longueur des motifs) de l'ensemble de ces motifs sont trop importantes et ne permettent pas d'envisager une analyse experte des motifs. Les représentations condensées sur des séquences ou des graphes portent essentiellement sur les mesures fondés sur la fréquence et sont issues de motifs fermés [Plantevit 09, Yan 03a]. Nous allons voir que le fait d'utiliser des graphes comme attributs des motifs fermés composant la représentation condensée permet d'exploiter de nouvelles propriétés. La plus importante permet de réduire la longueur des motifs (le nombre de graphes inclus dans un motif) [Poezevara 11].

La représentation condensée fondée sur les motifs fermés d'une base de graphes est exposée dans le paragraphe 3.3.1. Les énoncés de ce paragraphe correspondent à des notions et propriétés classiques dans le cadre attribut/valeur. Dans le paragraphe 3.3.2, nous mettons en avant une propriété des motifs fermés de graphes. Cette propriété entraîne un élagage qui conserve toutes les contraintes portées par les motifs et qui supprime de la redondance d'information. La méthode résultante d'extraction de la représentation condensée des EGPs est donnée dans le paragraphe 3.3.3.

3.3.1 Représentation condensée limitant le nombre de motifs

Par la suite, les différentes définitions, propriétés et propositions s'appliquent dans une base de graphes notée $\mathcal{D}$. Pour rappel, un motif de graphes $\mathcal{G}'$ est inclus dans un motif de graphes $\mathcal{G}$ si chaque élément de $\mathcal{G}'$ est isomorphe à un élément de $\mathcal{G}$: $\mathcal{G}' \subset \mathcal{G}$ si $\forall g' \in \mathcal{G}', \exists g \in \mathcal{G}$ tel que g' est isomorphe à g.

Nous introduisons maintenant la notion de *Closed Graph Patterns* (définition 3.3.1).

Définition 3.3.1 (Closed Graph Pattern (CGP)) *Un motif de graphes* $\mathcal{G}$ *est un Closed Graph Pattern dans* $\mathcal{D}$ *si* $\forall$ $\mathcal{G}'$ *un motif de graphes,* $\mathcal{E}_{\mathcal{D}}(\mathcal{G}) = \mathcal{E}_{\mathcal{D}}(\mathcal{G}')$ *implique* $\mathcal{G}' \subset \mathcal{G}$.

La définition 3.3.1 indique que si $\mathcal{G}_1$ et $\mathcal{G}_2$ sont deux CGPs alors $\mathcal{E}_{\mathcal{D}}(\mathcal{G}_1) \neq \mathcal{E}_{\mathcal{D}}(\mathcal{G}_2)$ (ni $\mathcal{E}_{\mathcal{D}}(\mathcal{G}_1) \subset \mathcal{E}_{\mathcal{D}}(\mathcal{G}_2)$, ni $\mathcal{E}_{\mathcal{D}}(\mathcal{G}_2) \subset \mathcal{E}_{\mathcal{D}}(\mathcal{G}_1)$ ne sont vérifiés). Nous pouvons donc conclure quant à l'existence et l'unicité de la fermeture des motifs de graphes avec la proposition 3.3.1.

Proposition 3.3.1 (Existence et unicité de la fermeture des motifs de graphes) *Soit* $\mathcal{G}'$ *un motif de graphes. Il existe un seul Closed Graph Pattern* $\mathcal{G}$ *tel que* $\mathcal{E}_{\mathcal{D}}(\mathcal{G}') = \mathcal{E}_{\mathcal{D}}(\mathcal{G})$. $\mathcal{G}$ *est la fermeture de* $\mathcal{G}'$, *notée* $\overline{\mathcal{G}'} = \mathcal{G}$.

Conséquence de la proposition 3.3.1 Un ensemble de motifs de graphes peut être partitionné en fonction de la fermeture de ces motifs dans $\mathcal{D}$ tant que cet ensemble contient la fermeture de tous ses motifs de graphes. Nous nommons les sous-ensembles donnés par la partition, les sous-ensemble induits par les éléments fermés. Nous pouvons maintenant définir un *ensemble représentable par les éléments fermés* (définition 3.3.2).

Définition 3.3.2 (Ensemble Représentable par les Éléments Fermés (EREF)) *Un ensemble de motifs de graphes* $\mathcal{R}$ *est représentable par les éléments fermés dans* $\mathcal{D}$ *si pour toute paire de motifs de graphes* $\mathcal{G}$ *et* $\mathcal{G}'$ *tel que* $\mathcal{E}_{\mathcal{D}}(\mathcal{G}') = \mathcal{E}_{\mathcal{D}}(\mathcal{G})$, *alors* $\mathcal{G} \in \mathcal{R}$ *est équivalent à* $\mathcal{G}' \in \mathcal{R}$.

En conséquence, si un motif de graphes M appartient à $\mathcal{R}$ alors tous les motifs de graphes qui partagent l'extension de M dans $\mathcal{D}$ appartiennent aussi à $\mathcal{R}$. La propriété 3.3.2 est une conséquence de cette remarque associée à la définition 3.3.2.

Propriété 3.3.2 (Intersection de deux EREFs) *Soient* $\mathcal{R}_1$ *et* $\mathcal{R}_2$ *deux ensembles de motifs de graphes. Si* $\mathcal{R}_1$ *et* $\mathcal{R}_2$ *sont représentables par les éléments fermés de* $\mathcal{D}$ *alors* $\mathcal{R}_1 \cap \mathcal{R}_2$ *est représentable par les éléments fermés de* $\mathcal{D}$.

Preuve de la propriété 3.3.2   Soient $\mathcal{G}$ et $\mathcal{G}'$ deux motifs de graphes tels que $\mathcal{E}_\mathcal{D}(\mathcal{G}) = \mathcal{E}_\mathcal{D}(\mathcal{G}')$ et (i) $\mathcal{G} \in \mathcal{R}_1 \cap \mathcal{R}_2$ et (ii) $\mathcal{G}' \notin \mathcal{R}_1 \cap \mathcal{R}_2$. De (i), on déduit $\mathcal{G} \in \mathcal{R}_1$ et $\mathcal{G} \in \mathcal{R}_2$. De (ii), on déduit $\mathcal{G}' \notin \mathcal{R}_1$ ou $\mathcal{G}' \notin \mathcal{R}_2$. On en conclut que $\mathcal{R}_1$ (ou $\mathcal{R}_2$) n'est pas un ensemble représentable par ses éléments fermés. Cette contraposition démontre la propriété 3.3.2

Application aux Emerging Graph Patterns (EGPs)   Par la suite la base de graphes $\mathcal{D}$ est partitionnée en deux sous-ensembles $\mathcal{D}_1$ et $\mathcal{D}_2$. Si deux motifs de graphes, $\mathcal{G}$ et $\mathcal{G}'$, possèdent la même extension dans $\mathcal{D}$ alors la propriété « $\mathcal{G}$ est fréquent dans $\mathcal{D}_1$ » (respectivement « $\mathcal{G}$ est émergent de $\mathcal{D}_2$ vers $\mathcal{D}_1$ ») est équivalent à « $\mathcal{G}'$ est fréquent dans $\mathcal{D}_1$ » (respectivement « $\mathcal{G}'$ est émergent de $\mathcal{D}_2$ vers $\mathcal{D}_1$ »). De plus, les motifs fermés de $\mathcal{D}_1$ et les motifs fermés de $\mathcal{D}_2$ sont inclus dans les motifs fermés de $\mathcal{D}$. Ces remarques associées à la propriété 3.3.2 nous permet d'énoncer la propriété 3.3.3.

Propriété 3.3.3 (Ensemble de motifs représentable par les CGPs) *Nous   pouvons définir trois types d'ensembles de motifs de graphes représentables par les éléments fermés de $\mathcal{D}$:*

(i) L'ensemble des motifs fréquents dans $\mathcal{D}_1$ est représentable par les fermés de $\mathcal{D}$.

(ii) L'ensemble des motifs émergents de $\mathcal{D}_2$ vers $\mathcal{D}_1$ est représentable par les fermés de $\mathcal{D}$.

(iii) L'ensemble des motifs fréquents dans $\mathcal{D}$ et émergents de $\mathcal{D}_2$ vers $\mathcal{D}_1$ est représentable par les fermés de $\mathcal{D}$.

Exemple   La figure 3.6 donne l'exemple d'un CGP pouvant être extrait de la base de graphes $\mathcal{D}$ de la figure 3.1.

FIGURE 3.6 – Exemple d'un Closed Graph Pattern

Le premier graphe de CGP_1 est en fait SG_1. Le symbole « ... » signifie que l'on trouve tous les sous-graphes de SG_1 dans CGP_1. Ce point important (qui sera démontré dans la proposition 3.3.5) est à la base de notre méthode de concision de la longueur des motifs.

3.3.2   Représentation condensée limitant la longueur des motifs

Les notions abordés auparavant (paragraphe 3.3.1) peuvent être vues comme une extension des résultats sur la représentation condensée des ensembles d'attributs ou des séquences aux motifs de graphes [Calders 05, Plantevit 09]. De plus, avec les graphes, nous allons voir que la relation d'inclusion entre graphes permet de réduire encore la longueur des motifs composant la représentation condensée. Soient g et g' deux graphes. Si g' est un sous-graphe de g alors $\mathcal{E}_{\mathcal{D}}(\{g\}) \subset \mathcal{E}_{\mathcal{D}}(\{g'\})$. Donc la relation « être un sous-graphe » satisfait la propriété d'anti-monotonicité avec le respect de l'inclusion de l'extension. Cette remarque nous permet de formuler la proposition 3.3.4.

Proposition 3.3.4 (Ajout d'un graphe dans un motif de graphe) *Soit $\mathcal{G}$ un motif de graphe et g' un graphe. Si g' est un sous-graphe d'un élément de $\mathcal{G}$ alors* $\mathcal{E}_{\mathcal{D}}(\mathcal{G} \cup \{g'\}) = \mathcal{E}_{\mathcal{D}}(\mathcal{G})$.

Cela signifie que l'ajout d'un graphe dans un motif de graphe $\mathcal{G}$ conserve son extension dès que le graphe ajouté est un sous-graphe d'un graphe de $\mathcal{G}$. La proposition 3.3.5 est une application de la proposition 3.3.4 étendue aux Closed Graph Patterns.

Proposition 3.3.5 (Composition d'un Closed Graph Pattern) *Soit $\mathcal{G}$ un motif de graphes et g' un graphe. Si $\mathcal{G}$ est un CGP alors la propriété suivante est vraie : pour tout couple de graphes (g,g'), si $g \in \mathcal{G}$ et g' est un sous-graphe de g alors $g' \in \mathcal{G}$.*

Cette propriété indique que lorsqu'un graphe SG est contenu dans un CGP $\mathcal{G}$ alors on retrouve chaque sous-graphe de SG dans $\mathcal{G}$. Cette remarque constitue le point clé de la nouvelle représentation condensée que nous voulons définir. Cela constitue de la redondance d'information puisque contenir un graphe implique également contenir tous ses sous-graphes. Nous définissons maintenant les *Representative Pruned Graph Patterns* (définition 3.3.3) pour éliminer cette redondance.

Définition 3.3.3 (Representative Pruned Graph Pattern (RPGP)) *Soit $\mathcal{D}$ une base de graphes. Un motif de graphes $\mathcal{G}$ est un* Representative Pruned Graph Pattern *dans $\mathcal{D}$ si : (i) il n'existe aucune relation d'inclusion entre deux graphes appartenant à $\mathcal{G}$ et (ii) le motif de graphes obtenu par ajout de tous les sous-graphes de tous les éléments de $\mathcal{G}$ est un Closed Graph Pattern dans $\mathcal{D}$.*

Opérations d'élagage d'un CGP et de reconstruction d'un RPGP Soit $\mathcal{G}$ un motif de graphes fermé dans $\mathcal{D}$. On appelle *élagué* de $\mathcal{G}$, le motif de graphes obtenu en enlevant tous les graphes de $\mathcal{G}$ étant sous-graphe d'un autre graphe de $\mathcal{G}$. Nous allons montrer que l'élagué de $\mathcal{G}$ est un RPGP.

Appelons $\mathcal{G}'$ l'élagué de $\mathcal{G}$. Comme $\mathcal{G}'$ a été obtenu par retraits des sous-graphes d'éléments de $\mathcal{G}$, nous avons $\mathcal{E}_{\mathcal{D}}(\mathcal{G})=\mathcal{E}_{\mathcal{D}}(\mathcal{G}')$ (application de la proposition 3.3.4).

Soit $\mathcal{G}''$ le motif de graphes obtenu à partir de $\mathcal{G}'$ en ajoutant tous les sous-graphes de tous les éléments de $\mathcal{G}'$. Par application de la proposition 3.3.4, nous avons $\mathcal{E}_{\mathcal{D}}(\mathcal{G})=\mathcal{E}_{\mathcal{D}}(\mathcal{G}')=\mathcal{E}_{\mathcal{D}}(\mathcal{G}'')$. $\mathcal{G} \subset \mathcal{G}''$: tout élément de $\mathcal{G}$ étant soit un élément de $\mathcal{G}'$, soit un sous-graphe d'un élément de $\mathcal{G}'$, alors $\mathcal{G}$ est inclus dans $\mathcal{G}''$.

En appliquant la proposition 3.3.5, on a $\mathcal{G}=\mathcal{G}''$. Par la suite $\mathcal{G}'$ est un RPGP.

Comme l'élagage conserve l'extension, l'élagage est une application injective de l'ensemble des CGPs de $\mathcal{D}$ vers l'ensemble des RPGPs. De plus, par définition des RPGPs, l'élagage est une opération surjective de l'ensemble des CGPs de $\mathcal{D}$ vers l'ensemble des RPGPs. Ces remarques nous permettent d'énoncer la propriété 3.3.6

Propriété 3.3.6 (Bijection entre l'ensemble des CGPs et celui des RPGPs)
L'élagage définit une bijection entre l'ensemble des Closed Graph Patterns et l'ensemble des Representative Pruned Graph Patterns. De plus l'élagage conserve l'extension d'un motif de l'ensemble des Closed Graph Patterns vers l'ensemble des Representative Pruned Graph Patterns.

L'ensemble des CGPs est représentable par l'ensemble des RPGPs. Les motifs de graphes pouvant être régénérés depuis l'ensemble des CGPs, ils peuvent également l'être depuis l'ensemble des RPGPs.

Remarque   Comme nous l'avons vu dans le chapitre 2, la notion de graphe fermé est dérivée de la notion de motif fermé. Elle définit un tel graphe g comme n'étant jamais sous-graphe d'un graphe ayant la même extension. Il est intéressant de noter qu'un RPGP est constitué de graphes fermés 3.3.7.

Propriété 3.3.7 (Un RPGP est constitué de graphes fermés)   *Soit $\mathcal{G}$ un CGP. Le motif de graphes $\mathcal{G}'$ qui est le RPGP de $\mathcal{G}$ est constitué uniquement de graphes fermés de $\mathcal{G}$.*

Preuve de la propriété 3.3.7   Soient $\mathcal{G}$ un CGP et g un élément de $\mathcal{G}$. Si g n'est pas un graphe fermé dans $\mathcal{D}$, il existe un graphe g' tel que $g \sqsubseteq g'$ et $\mathcal{E}_{\mathcal{D}}(g) = \mathcal{E}_{\mathcal{D}}(g')$. Par conséquent, g' est aussi un élément de $\mathcal{G}$. Par suite, g n'appartient pas au RPGP associé à $\mathcal{G}$. Ainsi, un RPGP est constitué uniquement de graphes fermés.

Exemple   La figure 3.7 donne l'exemple d'un RPGP.

$$RPGP_1 = \quad \left\{ \; \hexagon\!\!-\!\!\text{o}\!-\!\text{c} \; \right\}$$

FIGURE 3.7 – Exemple d'un Representative Pruned Graph Pattern

Si nous ajoutons dans $RPGP_1$ tous les sous-graphes du graphe contenu dans $RPGP_1$ nous obtenons CGP_1, le motif exposé sur la figure 3.6.

Conclusion sur la représentation condensée des motifs émergents de graphes
L'ensemble des motifs de graphes est représentable par l'ensemble des Closed Graph Patterns (CGPs), lui-même représentable par l'ensemble des Representative Pruned Graph Patterns (RPGPs), sans pertes d'informations. L'utilisation de ces deux représentations condensées amène deux avantages :

    i) La représentation condensée fondée sur les Closed Graph Patterns permet de réduire le nombre de motifs à extraire.

    ii) La représentation condensée fondée sur les Representative Pruned Graph Patterns permet de réduire la longueur des motifs.

3.3.3 Méthode d'extraction résultante

La section précédente a présenté les représentations condensés constituées d'une part des CGPs et d'autres part des RPGPs. Nous donnons maintenant la méthode d'extraction des RPGPs émergents sur la figure 3.8.

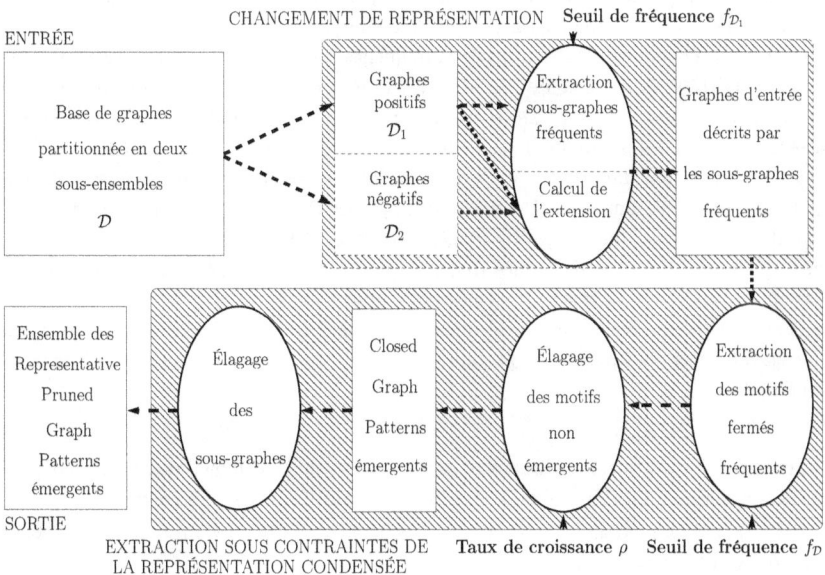

FIGURE 3.8 – Méthode d'extraction des Representative Pruned Graph Patterns émergents.

L'entrée est une base de graphes $\mathcal{D}$ partitionnée en deux sous-ensembles $\mathcal{D}_1$ et $\mathcal{D}_2$ et la sortie est l'ensemble des RPGPs émergents. Cette méthode consiste à enchaîner le changement de représentation des graphes d'entrée avec l'extraction sous contraintes d'une représentation condensée de motifs de graphes. Nous précisons maintenant les différentes étapes de ce processus.

Changement de représentation　Pour convertir les graphes de $\mathcal{D}$ en données tabulaires, nous utilisons des graphes attributs. Ceux-ci sont les sous-graphes fréquents du sous-ensemble $\mathcal{D}_1$. Pour les extraire, nous utilisons un seuil de fréquence minimum $f_{\mathcal{D}_1}$ dans $\mathcal{D}_1$. Avec la modification que nous avons apportée à GASTON, nous obtenons les sous-graphes fréquents de $\mathcal{D}_1$ ainsi que leur extension dans $\mathcal{D}$. À la sortie de cette étape, la description binaire de $\mathcal{D}$ fondée sur les sous-graphes fréquents de $\mathcal{D}_1$ est obtenue.

Extraction sous contraintes de la représentation condensée　Pour extraire les motifs fermés fréquents, nous utilisons MICMAC [Soulet 08]. Ce dernier produit la représentation condensée d'un ensemble de motifs suivant une fonction conservée, ici la fonction de fréquence. À partir d'une fonction conservée, MICMAC infère automatiquement un opérateur de fermeture adéquat à celle-ci et définissant les classes d'équivalence de la représentation condensée. Dans le cas de la fréquence, l'opérateur de fermeture est la connexion de GALOIS et la sortie de MICMAC est la même que celle qui serait produite par des extracteurs comme AC-MINER [Boulicaut 00] et CLOSE [Pasquier 99a]. Nous utilisons un seuil de fréquence minimum $f_{\mathcal{D}}$ dont la valeur est déduite du seuil de fréquence $f_{\mathcal{D}_1}$: le support minimum dans $\mathcal{D}_1$ pour l'extraction des sous-graphes fréquents est le même que le support minimum dans $\mathcal{D}$ pour l'extraction des motifs fermés fréquents. MICMAC produit ainsi un ensemble de motifs fermés fréquents. Par l'utilisation du taux de croissance minimum ρ, les motifs fermés fréquents non émergents sont élagués : à ce stade, nous obtenons l'ensemble des CGPs émergents. Pour chaque motif de cet ensemble, si un des graphes contenu dans ce motif est un sous-graphe d'un autre graphe de ce motif alors il est élagué : ceci nous permet de produire l'ensemble des RPGPs émergents en sortie de la méthode.

Conclusion　Notre méthode assure d'extraire l'ensemble complet des EGPs en proposant l'extraction d'un ensemble de motifs représentatif, les RPGPs émergents :

i) L'étape d'extraction des sous-graphes fréquents avec GASTON produit tous les sous-graphes fréquents.

ii) MICMAC est correct et complet et permet d'extraire tout les motifs fermés fréquents.

iii) La génération de l'ensemble des EGPs depuis l'ensemble des CGPs émergents est prouvée.

iv) La génération de l'ensemble des CGPs depuis l'ensemble des RPGPs émergents est également prouvée.

3.4 Expérimentations sur des données chimiques

Dans cette partie nous exposons les résultats d'une série d'expériences destinée à étudier les motifs émergents de graphes ainsi que la méthode mise en place pour les extraire. Nous proposons également d'évaluer ces motifs dans un contexte de classification. Toutes ces expérimentations sont réalisées sur des données chimiques : les différences structurelles entre des molécules peuvent avoir de fortes retombées dans le domaine de la toxicologie. Si nous prenons un ensemble de molécules dont la toxicité a été évaluée avec des indicateurs quantitatifs, celui-ci peut être partitionné en deux sous-ensembles : celui des molécules toxiques et celui des molécules non toxiques. La structure d'une molécule étant modélisée avec un graphe moléculaire, nous utilisons notre méthode d'extraction des Representative Pruned Graph Patterns (RPGPs). Lors des expérimentations, nous considérons toujours les Closed Graph Patterns (CGPs) et les RPGPs comme étant fréquents émergents (garder ces notations nous permet de ne pas alourdir le texte avec d'autres acronymes supplémentaires).

Les motivations de ces expérimentations, les méthodes utilisées ainsi que la description de la base de molécules sont exposées dans le paragraphe 3.4.1. L'étude de la faisabilité de la méthode est réalisée dans le paragraphe 3.4.2, de même que l'étude de la concision de la représentation condensée des Emerging Graph Patterns (EGPs) fondée sur les RPGPs. Enfin, le paragraphe 3.4.3 propose une série d'expériences qui évalue les EGPs dans un contexte de classification.

3.4.1 Motivations, matériel et méthodes

Les objectifs de ces expérimentations sont d'étudier : (i) la faisabilité de l'approche en fournissant des mesures quantitatives concernant la méthode de calcul, (ii) la représentation condensée des EGPs s fondée sur les RPGPs, (iii) les relations entre les EGPs et les fragments discriminants [23] et (iv) l'intérêt des EGPs de longueur plus grande que 1.

Base de molécules utilisées

Pour cette série d'expériences nous avons utilisé des molécules extraites de la base B_{EPAFHM}^{580} (présentée dans la section 1.3.2 du chapitre 1). Cette base fût générée par l'agence de la protection de l'environnement des États-Unis. Elle sert à élaborer des systèmes experts pour prédire la toxicité des molécules [Veith 88]. La toxicité a ici été établie avec l'utilisation de l'indicateur quantitatif de toxicité LC_{50}^{96}. De cette base, nous avons sélectionné les molécules classées comme toxiques (avec une valeur de $LC_{50}^{96} \leq 10mg/l$) et non toxiques (avec une valeur de $LC_{50}^{96} \geq 100mg/l$). Le tableau 3.1 décrit la base résultante utilisée pour cette partie expérimentale.

---

23. La notion de fragment discriminant est introduite dans le chapitre 2

Ensemble	Toxicité	Valeur de LC_{50}^{96}	Nombre de Molécules	Taille (en nombre d'atomes)		
				Min	Max	Moyenne
$\mathcal{D}_1$	toxique	$LC_{50}^{96} \leq 10mg/l$	223	3	34	12.8
$\mathcal{D}_2$	non toxique	$100mg/l \leq LC_{50}^{96}$	172	2	19	8.2
$\mathcal{D}$	-	-	395	2	34	10.8

TABLE 3.1 – Molécules extraites de la base B_{EPAFHM}^{580} : 395 molécules réparties en deux sous-ensembles selon la mesure de LC_{50}^{96}.

Notre base contient 395 molécules réparties en deux sous-ensembles[24] : $\mathcal{D}_1$ contient 223 molécules toxiques et $\mathcal{D}_2$ contient 172 molécules non toxiques.

Validation croisée

L'étude de la validité des EGPs dans un contexte de classification est toujours réalisée en suivant une méthodologie de *validation croisée*. Dans un contexte de validation croisée à n itérations, $\mathcal{D}_1$ et $\mathcal{D}_2$ sont séparés en n sous-ensembles de tailles égales. Chacun de ces n sous-ensembles constitue successivement le *jeu de test*, l'ensemble constitué de tous les autres sous-ensembles représente le *jeu d'apprentissage*. Le modèle de classification résultant fournit un grand ensemble de test sur lequel il est possible de mesurer les performances moyennes de celui-ci. Cette technique est aussi performante que l'entraînement du modèle sur l'ensemble des données [Hassan 96]. Comme notre base de données est constituée de 395 molécules et que nous voulons une centaine de graphes dans le jeu de test, nous avons choisi de réaliser 4 itérations de validation croisée.

Test d'indépendance du χ^2

Les sous-graphes fréquents sont extraits selon un seuil minimum de fréquence dans $\mathcal{D}_1$. Excepté pour l'étude de l'extraction des sous-graphes fréquents dans la section 3.4.2, ce seuil est fixé grâce à un test d'indépendance du χ^2 : cela correspond à la fréquence minimale d'un attribut pour être considéré comme dépendant de la classification [Schervish 95]. Ce seuil est toujours déterminé par un niveau de confiance de 99% pour le test statistique en considérant que les attributs n'apparaissent jamais dans $\mathcal{D}_2$. Ce seuil est appelé le *seuil de fréquence du χ^2*. Par exemple, pour la base de données $\mathcal{D}$ partitionnée en $\mathcal{D}_1$ (223 graphes) et $\mathcal{D}_2$ (172 graphes), le seuil de fréquence du χ^2 est $4,5\%$.

Les expérimentations ont été conduites sur un ordinateur utilisant LINUX avec un processeur double cœur 2.83 GHz et 3.8 GB de mémoire RAM.

---

24. Nous verrons au chapitre 4 que notre méthode est aussi opérationnelle sur des bases de plusieurs milliers de molécules.

3.4.2 Extraction et représentation des motifs émergents de graphes

Cette section contient les expériences réalisées pour étudier (i) la faisabilité de la méthode d'extraction des EGPs, (ii) la concision de la représentation condensée fondée sur les Closed Graph Patterns (CGPs) et (iii) la concision de la représentation condensée fondée sur les RPGPs.

Extraction des sous-graphes fréquents

Contexte de l'étude La première expérience étudie l'extraction des sous-graphes fréquents. Elle se focalise sur le nombre de sous-graphes extraits et leur taille moyenne. Le temps d'extraction est aussi d'un intérêt particulier. Le seuil de fréquence minimum $f_{\mathcal{D}_1}$ varie de 1% à 10% par pas de 1%. Pour chaque valeur de $f_{\mathcal{D}_1}$, nous mesurons (i) le nombre de sous-graphes fréquents, (ii) la taille moyenne des sous-graphes (en nombre de sommets), (iii) le temps de calcul de l'extraction et (iv) le nombre de sous-graphes extraits par seconde.

Analyse des résultats Les résultats sont affichés dans le tableau 3.2.

Seuil fréquence (%)	Nombre de sous-graphes fréquents	Taille moyenne	Temps d'extraction (s)	Nombre de sous-graphes par seconde
1	49 428	13,9	2,74	18 039
2	3 487	9,22	0,17	20 511
3	958	7,11	0,09	10 644
4	561	6,90	0,06	9 350
5	414	6,91	0,05	8 280
6	288	6,05	0,04	7 200
7	195	5,82	0,04	4 875
8	155	5,52	0,03	5 166
9	120	5,28	0,03	4 000
10	109	5,20	0,02	5 450

TABLE 3.2 – Mesures concernant l'extraction des sous-graphes fréquents selon le seuil de fréquence minimum.

Comme expliqué dans le chapitre 2, nous avons modifié l'implémentation de GAS-TON pour obtenir le support des sous-graphes fréquents dans tout le jeu de données. Comme la différence de temps d'extraction entre la version originale et la version modifiée de GASTON n'excède jamais $0,004$ seconde, c'est pourquoi nous fournissons uniquement le temps d'extraction de la version modifiée de GASTON.

Le temps de calcul nécessaire pour extraire les sous-graphes fréquents dépend du seuil de fréquence minimum : il varie de 2,74 secondes ($f_{\mathcal{D}_1} = 1\%$) à 0,02 seconde ($f_{\mathcal{D}_1} =$

10%). Le nombre de sous-graphes fréquents est fortement corrélé au seuil de fréquence minimum : il varie de 49 428 sous-graphes ($f_{\mathcal{D}_1} = 1\%$) à 109 sous-graphes ($f_{\mathcal{D}_1} = 10\%$). La taille moyenne des sous-graphes fréquents extraits dépend également du seuil de fréquence minimum : elle varie de 13,9 sommets ($f_{\mathcal{D}_1} = 1\%$) à 5,2 sommets ($f_{\mathcal{D}_1} = 10\%$). Le nombre de sous-graphes fréquents extraits est aussi lié au seuil de fréquence minimum : il varie de 18 039 sous-graphe par seconde ($f_{\mathcal{D}_1} = 1\%$) à 5 450 sous-graphe par seconde ($f_{\mathcal{D}_1} = 10\%$).

Ces expérimentations montrent la faisabilité de l'extraction des sous-graphes fréquents (la première étape de la méthode) dans ce contexte.

Extraction des EGPs et leur représentation condensée fondée sur les CGPs

Contexte de l'étude   Cette étude détaille l'extraction des EGPs et évalue la représentation condensée fondée sur les CGPs. L'extraction des sous-graphes fréquents à été réalisée avec un seuil de fréquence du χ^2 calculé sur tous le jeux de données (4,5%). L'ensemble des sous-graphes fréquents contient 477 sous-graphes d'une taille moyenne de 6,87 sommets. Le taux de croissance minimum varie de 1 à 10 avec un pas de 1. Pour chaque seuil nous mesurons (i) le nombre d'EGPs et de CGPs, (ii) la taille moyenne des EGPs et des CGPs, (iii) le temps d'extraction des EGPs et (iv) le nombre d'EGPs représenté par un CGPs. Nous donnons aussi la valeur de ces mesures lorsque le taux de croissance est égal à l'infini (∞) : ce taux correspond aux motifs qui ne sont pas présents dans $\mathcal{D}_2$ et qui sont appelés Jumping Emerging Pattern (JEP) dans la communauté de la fouille de données (voir chapitre 1).

Analyse des résultats   Les résultats sont affichés dans le tableau 3.3.

Taux de croissance	Nombre de EGPs ($.10^6$)	Nombre de CGPs	temps d'extraction (s)	Nombre d' EGPs dans un CGP
1	5,21	677	352	7 703
2	5,02	548	335	9 168
3	4,16	438	255	9 505
4	3,52	345	164	10 216
5	3,15	286	129	11 022
6	2,94	255	96	11 555
7	2,52	212	75	11 903
8	2,03	172	52	11 830
9	1,83	154	23	11 895
10	1,77	142	41	12 527
∞	1,15	87	22	13 273

TABLE 3.3 – Extraction et représentation des Emerging Graph Patterns selon le taux de croissance minimum.

Le nombre d'EGPs extraits varie de $5,21.10^6$ ($\rho = 1$) à $1,15.10^6$ ($\rho = \infty$). Le nombre de CGPs extraits varie de 677 ($\rho = 1$) à 87 ($\rho = \infty$). En conséquence, la représentation condensée des EGPs fondée sur les RPGPs réduit fortement le nombre de motifs. Le nombre d'EGPs contenu dans un CGP augmente lorsque le taux de croissance augmente : il varie de 7 703 ($\rho = 1$) à 13 273 ($\rho = \infty$). La représentation condensée des EGPs fondée sur les RPGPs est plus efficace lorsque le taux de croissance est élevé. Le temps d'extraction des EGPs décroit lorsque le taux de croissance augmente : cela varie de 352 secondes ($\rho = 1$) à 22 secondes ($\rho = \infty$).

Comme l'extraction des EGPs n'excède jamais 3 secondes, le temps d'extraction du processus complet (extraction des sous-graphes fréquents et extraction des EGPs) est très proche du temps d'extraction des sous-graphes fréquents. Nous pouvons conclure quant à l'applicabilité de la méthode sur un jeu de données de taille moyenne et surtout sur la concision de la représentation condensée des EGPs fondée sur les CGPs.

Représentation condensée des CGPs fondée sur les RPGPs

Contexte de l'étude Cette étude se focalise sur la représentation condensée des CGPs fondée sur les RPGPs. Le taux de croissance minimum varie de 1 à 10 par pas de 1. Pour chaque taux, nous mesurons la longueur moyenne des CGPs et des RPGPs. Nous donnons également les mesures lorsque le taux de croissance est égal à ∞.

Analyse des résultats Les résultats sont affichés dans le tableau 3.4.

Taux de Croissance	Longueur moyenne des CGPs	Longueur moyenne des RPGPs	Nombre moyen de sous-graphes enlevés
1	15,1	2,23	12,8
2	16,1	2,20	13,8
3	16,8	2,37	14,4
4	16,4	2,39	14
5	17,1	2,44	14,6
6	17,3	2,43	14,8
7	16,6	2,42	14,2
8	17	2,45	14,4
9	17,1	2,44	14,6
10	16,6	2,43	14,2
∞	18,1	2,55	15,6

TABLE 3.4 – Mesures sur la représentation condensée des Closed Graph Patterns fondée sur les Representative Pruned Graph Patterns selon le taux de croissance minimum.

La longueur moyenne des CGPs varie de $15,1$ ($\rho = 1$) à $18,1$ ($\rho = \infty$). La longueur moyenne des RPGPs varie de $2,23$ ($\rho = 1$) à $2,55$ ($\rho = \infty$). En moyenne, les RPGPs sont bien plus petits que les CGPs. La représentation condensée des EGPs fondée sur les RPGPs réduit fortement la longueur des EGPs sans perdre d'information.

Ces résultats montrent la faisabilité de l'extraction de la représentation condensée des Emerging Graph Patterns depuis une base de molécules (la deuxième étape de la méthode). Lorsque les Emerging Graph Patterns doivent être mémorisés, leur représentation condensée fondée sur les RPGPs apparaît très efficace : cela réduit drastiquement le nombre de motifs ainsi que leur taille moyenne.

3.4.3 Évaluation des motifs émergents de graphes dans un contexte de classification

Cette section propose (i) de comparer les EGPs avec les *fragments discriminants* et (ii) d'évaluer l'intérêt des EGPs de longueur plus grande que 1.

Relation entre les *fragments discriminants* et les EGPs

Contexte de l'étude Tout d'abord, rappelons la notion de *fragments discriminants*. Soient deux seuils de fréquence f_M et f_m, un motif de longueur 1 est un *fragment discriminant* si sa fréquence dans $\mathcal{D}_1$ excède f_M et sa fréquence dans $\mathcal{D}_2$ est inférieure à f_m [Borgelt 02, Borgelt 05b]. Comme la notion d'EGPs est reliée au seuil de fréquence minimum $f_{\mathcal{D}_1}$, et a un taux de croissance de $\mathcal{D}_2$ à $\mathcal{D}_1$, ρ, nous relions naturellement la notion de fragments discriminants avec la notion d'EGPs : *un EGPs est un motif discriminant si sa fréquence dans $\mathcal{D}_2$ est inférieure à $\frac{f_{\mathcal{D}_1}}{\rho}$*. Selon cette définition, un motif discriminant est toujours un EGPs et donc l'ensemble des fragments discriminants constitue un sous-ensemble de l'ensemble des EGPs. Comme un Representative Pruned Graph Pattern a exactement la même extension que les EGPs qu'ils représentent, la propriété suivante est immédiate : un RPGP est un motif discriminant si chacun des EGPs qu'il contient est un motif discriminant, il est noté *D-RPGP*. En conséquence, nous sommes capables d'étudier les motifs discriminants en comparant les RPGPs qui sont discriminants avec les RPGPs qui ne le sont pas.

Durant l'expérimentation suivante, le seuil de fréquence minimum $f_{\mathcal{D}_1}$ est le seuil de fréquence du χ^2 ($f_{\mathcal{D}_1} = 5.9\%$). Le *taux de couverture* d'un ensemble de motifs $\mathcal{P}$ dans une base de graphes $\mathcal{D}$ correspond à la proportion d'éléments de $\mathcal{D}$ qui contiennent au moins un motif de $\mathcal{P}$. Pour chaque itération de la validation croisée, le taux de croissance minimum varie de 1 à 10 par pas de 1. Les RPGPs sont extraits depuis l'ensemble d'apprentissage et ils sont séparés en deux sous-ensembles : ceux qui sont discriminants (D-RPGPs) et ceux qui ne le sont pas (*ND-RPGPs*). Pour ces trois ensembles de motifs, nous mesurons (i) le nombre de motifs (*Nb*), (ii) leur taux de couverture (*CR*) dans les graphes positifs du jeu de test (*PT*) et (iii) leur taux de couverture dans les graphes négatifs de l'ensemble de test (*NT*). Nous donnons également les mesures pour un taux de croissance infini.

Analyse des résultats Les résultats sont affichés dans le tableau 3.5.

Taux de croissance	D-RPGPs			ND-RPGPs			RPGPs		
	Nb	CR (%)		Nb	CR (%)		Nb	CR (%)	
		PT	NT		PT	NT		PT	NT
1	10,7	26,5	4,2	417,7	95	83,5	428,5	95,5	83,5
2	10,2	26,5	2,5	333,7	89,7	53	344	89,7	53
3	10	24,2	3,7	25,6	82,5	38,5	246	83	39
4	10	24	2	181	76,2	29,7	191	77,5	32,7
5	11,5	28,2	3	149,7	75,5	21	161,2	76,7	21,7
6	10,5	26	2	125,5	63,7	17,2	136	65	17,2
7	11,2	27,7	2	100,7	63,7	17,2	112	66,7	17,5
8	10,7	27,2	1,5	88,5	59,5	17,2	115	61,2	17,2
9	12,7	24,2	2,5	78,7	56,5	14	91,5	58	14
10	12,2	28,2	4,5	54,7	53,7	8	67	55	9,2
∞	12,5	26,5	4	0	0	0	12,5	26,5	4

TABLE 3.5 – Nombre moyen et taux de couverture des Representative Pruned Graph Patterns dans le jeu de test selon le taux de croissance minimum.

Mesuré sur le jeu de test, le taux de couverture des RPGPs varie de 95% ($\rho = 1$) à 26.5% ($\rho = \infty$) pour les graphes positifs et de 83.5% ($\rho = 1$) à 4% ($\rho = \infty$) pour les graphes négatifs. Le taux de couverture des D-RPGPs ne varie pas lorsque le taux de croissance augmente : de 26.5% ($\rho = 1$) à 26.5% ($\rho = \infty$) pour les graphes positifs et de 4.2% ($\rho = 1$) à 4% ($\rho = \infty$) pour les graphes négatifs. Les RPGPs extraits avec un taux de croissance infini sont discriminants. Avec un taux de croissance plus faible, il existe des RPGPs non discriminants qui couvrent d'autres molécules que celles couvertes par les D-RPGPs. Il existe donc des RPGPs non discriminants qui ont un intérêt particulier dans un contexte de classification.

L'intérêt des EGPs de longueur plus grande que 1

Contexte de l'étude Cette expérimentation montre qu'il existe des EGPs de longueur plus grande que 1 qui sont d'un intérêt particulier dans un contexte de classification. Lorsqu'un RPGP a une longueur plus grande que 1, son CGP correspondant a aussi une longueur supérieure à 1 et, en conséquence, ils représentent tous les deux au moins un EGP de longueur plus grande que 1. Si nous montrons qu'il existe des RPGPs de longueur supérieur à 1 qui sont intéressants dans un contexte de classification, nous pourrons alors affirmer qu'il existe des EGPs de longueur plus grand que 1 intéressants dans un contexte de classification.

Un Jumping Emerging Pattern (JEP) est un type spécial de motif émergent : il n'apparaît pas dans la classe négative. Un JEP correspond à l'ensemble le plus discriminant de caractéristiques [Li 01]. Nous nous focalisons maintenant sur les RPGPs qui sont des jumping patterns : ces motifs sont extraits avec un taux de croissance égal à ∞.

Durant l'expérimentation suivante, le seuil de fréquence minimum $f_{\mathcal{D}_1}$ est le seuil de fréquence du χ^2 correspondant (5.9%). Pour chaque itération de la validation croisée, les jumping RPGPs sont extraits depuis l'ensemble d'apprentissage et sont séparés en deux sous-ensembles : les motifs de longueur 1 et les motifs de longueur plus grande que 1. Pour ces sous-ensembles résultants, nous mesurons (i) le nombre de motifs extraits, (ii) le nombre de motifs qui sont toujours des jumping patterns dans le jeu de test et (iii) le nombre de jumping RPGPs qui sont toujours des jumping patterns dans le jeu de test et qui sont composés uniquement de sous-graphes fréquents qui ne sont pas émergents.

Analyse des résultats   En moyennant les résultats obtenues avec les différentes itérations de la validation croisée, on obtient 7 jumping RPGPs de longueur égale à 1 et 38 de longueur plus grande que 1. D'autre part 65% des jumping RPGPs de longueur plus grande que 1 sont toujours des jumping patterns dans le jeu de test : cette capacité de généralisation fait ressortir l'intérêt de ces motifs dans un contexte de classification.

Si nous nous focalisons sur les jumping RPGPs de longueur plus grande que 1 qui sont toujours jumping dans le jeu de test, 73% de ces jumping RPGPs sont constitués seulement de sous-graphes non émergents tout seul. Cela note l'intérêt de combiner ensemble des sous-graphes pour obtenir des motifs capturant les contrastes dans un contexte de classification. Comme un EGPs a un intérêt dans un contexte de classification quel que soit sa longueur et sa constitution, l'ensemble complet des RPGPs doit être extrait.

Ces expérimentations ont montré qu'extraire les EGPs depuis une base réelle de molécules est faisable. De plus, ces expérimentations indiquent que la représentation condensée des EGPs fondée sur les RPGPs est très efficace : elle réduit drastiquement le nombre de motifs à retenir et leur longueur. Enfin, ces motifs ont un grand intérêt dans un contexte de classification quelle que soit leur longueur.

3.5   Conclusion

Dans ce chapitre nous avons proposé un nouveau motif en fouille de données, l'Emerging Graph Pattern et étudié ses propriétés. Ce motif marque le contraste entre deux ensembles de graphes. Ces motifs peuvent être extraits sous la forme d'une représentation condensée exacte fondée sur les motifs fermés.

Extraction des Emerging Graph Patterns   L'ensemble des EGPs permet de caractériser un ensemble de graphes par rapport à un autre. Il fait ressortir les conjonctions de sous-graphes fortement présentes dans un ensemble de graphes cibles qui se retrouvent peu ou pas dans un autre ensemble de graphes. L'idée clé fût de changer la représentation des graphes d'entrée afin de revenir à un contexte de fouille de données binaires. L'efficacité de notre méthode de changement de représentation des graphes repose sur l'utilisation d'un extracteur de sous-graphes fréquents pour obtenir la description binaire des graphes négatifs. Il est aisé ensuite d'appliquer la contrainte d'émergence sur le jeu de données binarisées afin d'obtenir les EGPs. Nous avons ainsi limité le verrou calculatoire porté par le problème de l'isomorphisme de sous-graphe.

Représentation condensée des Emerging Graph Patterns Nous avons vu que l'ensemble des EGPs est de dimension trop importante pour proposer une analyse experte des motifs. Nous avons proposé une représentation condensée exacte permettant de compacter l'information. Celle-ci est fondée sur les motifs fermés définis par la fermeture de GALOIS. Ensuite, celle-ci est rendue encore plus concise en éliminant certains sous-graphes composant les motifs : lorsqu'un graphe se trouve dans un motif fermé, alors l'ensemble des sous-graphes qui le compose est également dans ce motif. L'élagage permet de réduire la taille des motifs sans perdre d'information puisque un graphe porte déjà l'information des sous-graphes qui le compose. Nous proposons un ensemble de motifs de graphes de petite dimension, facilitant ses usages.

Au chapitre 4, nous proposons d'extraire les motifs émergents de graphes dans des bases de molécules regroupant des molécules toxiques et non toxiques. L'objectif est de capturer les phénomènes qui influencent la toxicité des molécules et de les utiliser dans des processus de prédiction en (éco)toxicologie.

Chapitre 4

Prédiction de toxicité fondée sur les motifs émergents de graphes

Dans ce chapitre, nous appliquons l'extraction des Emerging Graph Patterns sur des chimiothèques de molécules annotées avec des indicateurs quantitatifs de toxicité. L'objectif est de déterminer l'utilité des Emerging Graph Patterns dans un contexte de classification en (éco)toxicologie. Ainsi, ce chapitre relate les résultats de deux séries d'expérimentations évaluant l'utilisation de la structure en deux dimensions des molécules dans des systèmes de prédiction de toxicité. La première série présente une étude des fragments moléculaires fréquents dans les molécules toxiques et absents des molécules non toxiques. La deuxième série d'expérimentations montre l'intérêt de l'utilisation des Emerging Graph Patterns pour la prédiction de toxicité en capturant des points de ruptures structurelles au sein des chimiothèques. Notre contribution porte sur l'évaluation de l'influence des fragments d'une molécule dans son interaction nocive avec l'être humain ou l'environnement.

4.1   L'hypothèse toxicophore

Plusieurs études réalisées en chémoinformatique ont constaté que la présence de fragments moléculaires spécifiques au sein de la structure d'une molécule influence sa toxicité [Ashby 85, Williams 06, Kazius 05]. Ces fragments sont appelés des toxicophores (voir le paragraphe 1.5.3 au chapitre 1). D'une manière générale, l'utilisation de la connaissance humaine permet de détecter certains de ces fragments. L'utilisation typique des toxicophores est de les considérer comme des structures d'alerte dans des systèmes experts pour informer de la possible toxicité d'une molécule qui contient un toxicophore. Dans le chapitre 3, nous avons proposé une méthode pour extraire automatiquement des Emerging Graph Patterns (EGP) (voir la section 3.1) et dans le chapitre 1 nous définissons un fragment moléculaire comme un graphe moléculaire connexe (voir la section 1.2) : la méthode d'extraction automatique des EGPs appliquée sur une base de graphes moléculaires extrait dans notre contexte des *motifs émergents composés de fragments moléculaires*.

La notion de motifs émergents de fragments moléculaires correspond à celle de motifs émergents (voir le paragraphe 2.2.1 au chapitre 2) introduite récemment en chémoinformatique (voir le paragraphe 1.4.3 au chapitre 1) où ils portent le nom de *Emerging Chemical Patterns* (ECPs). J. AUER et J. BAJORATH ont extrait des ECPs et les ont utilisés pour mener deux études expérimentales [Auer 08, Bajorath 08]. Lors de ces études, les molécules sont décrites par des descripteurs structuraux provenant du *Molecular Operating Environment* (MOE) [MOE 07]. En conséquence, un ECP correspond à un ensemble de descripteurs MOE : cela diffère de la notion de motif émergent de fragments moléculaires qui est directement extraite de la structure à deux dimensions de la molécule, sans être contrainte par un dictionnaire de fragments prédéfinis [Lozano 09a, Lozano 09b].

Lorsque des molécules toxiques sont regroupées dans une base et que des molécules non toxiques sont regroupées dans une autre base, les motifs émergents de fragments moléculaires correspondent aux conjonctions de fragments moléculaires qui sont fréquentes dans les molécules toxiques et peu fréquentes dans les molécules non toxiques. Dans ce contexte, nous considérons ces motifs émergents comme de possibles toxicophores et nous formulons l'hypothèse que si une molécule possède tous les fragments moléculaires d'un motif émergent dans sa structure alors elle a une forte chance d'être toxique. Dans ce texte, un *fragment moléculaire émergent* correspond à une sous-structure connexe d'une molécule fréquente dans les molécules toxiques et peu fréquente dans les molécules non toxiques : une telle structure se distingue d'un motif émergent comportant un seul fragment moléculaire puisqu'aucune étude sur sa relation aux autres fragments moléculaires fréquents dans les molécules toxiques n'est réalisée avant son extraction (voir la section 3.3 au chapitre 3). L'intérêt des motifs émergents de fragments moléculaires est qu'ils représentent des conjonctions de fragments moléculaires : ils modélisent des toxicophores agissant à plusieurs endroits dans la molécule.

4.2 Plan du chapitre et aperçu des expériences

Ce chapitre porte sur l'évaluation de l'hypothèse toxicophore grâce à deux séries d'expériences sur des bases de molécules fournies par le CENTRE D'ÉTUDES ET DE RECHERCHE SUR LE MÉDICAMENT DE NORMANDIE (CERMN). Nous donnons maintenant un aperçu des expériences menées dans ce chapitre. La première a trait en écotoxicologie et les autres en toxicologie.

- Dans la première expérience (section 4.3), nous cherchons à évaluer le caractère de toxicité pouvant être porté par les fragments moléculaires présents uniquement dans les molécules toxiques, autrement dit les Jumping Emerging Patterns (JEPs) (voir le paragraphe 2.2.1 au chapitre 2) constitués d'un seul fragment moléculaire. Nous étudions leur capacité de généralisation (paragraphe 4.3.2) et leur utilité en classification (paragraphe 4.3.3). Nous proposons également une combinaison de ces fragments avec un modèle QUANTITATIVE STRUCTURE-ACTIVITY RELATIONSHIP (QSAR) (voir section 1.4.2 au chapitre 1) développé par le CERMN (paragraphe 4.3.4).
- Dans la deuxième expérience (section 4.4), nous relâchons la contrainte d'émergence afin de ne plus imposer que le taux de croissance des fragments soit infini. Nous étudions la capacité de généralisation des fragments (paragraphe 4.4.2) et leur utilité dans un processus de prédiction (paragraphe 4.4.3).
- L'idée importante de la troisième expérience (section 4.4) est de prendre en compte la valeur numérique de toxicité des molécules plutôt que les classes. De cette façon nous appréhendons le phénomène de la toxicité de façon plus fine. Pour cela nous proposons une nouvelle méthode d'extraction appelée la *méthode de la fenêtre glissante* (paragraphe 4.4.4).
- Dans la dernière expérience (section 4.4), nous testons les combinaisons de fragments entre eux afin de savoir si une conjonction de fragments moléculaires a une meilleure capacité prédictive qu'un fragment isolé (paragraphe 4.4.5).

4.3 Utilisation des jumping fragments pour la classification légale en écotoxicologie

Avant d'utiliser des molécules, il est important de connaitre leur nocivité sur l'être humain ou sur l'environnement : ces informations mènent au développement de mesures de protection adéquate. La classification et l'étiquetage des molécules permet l'évaluation de la nocivité des molécules [GR 08]. Pour étudier la nocivité sur l'environnement, des informations sur la toxicité aiguë et la toxicité chronique aquatique sont requises. Traditionnellement, ces informations sont obtenues par des tests « in vivo » sur les animaux. La norme européenne REGISTRATION, EVALUATION, AUTHORISATION AND RESTRICTION OF CHEMICALS (REACH) favorise l'utilisation de modèles « in silico » pour l'établissement de ces informations (voir la section 1.1 au chapitre 1). Les modèles QSARet la détection de structures d'alerte (voir le paragraphe 1.5.3 au chapitre 1) jouent un rôle important dans l'établissement des informations écotoxicologiques des molécules [Benfenati 97]. Les travaux présentés dans cette section contribuent à l'extraction automatique de structures d'alerte en écotoxicologie et étudient leur utilisation dans un processus de prédiction de toxicité : ils ont été publiés en collaboration avec des travaux portant sur la création d'un modèle QSAR réalisé par le CERMN dans [Lozano 10c].

Soit une base de graphes moléculaires $\mathcal{D}$: nous considérons qu'un fragment moléculaire est fréquent dans $\mathcal{D}$ si sa fréquence dépasse un seuil minimum. Dans cette section, nous utilisons un type particulier de fragments moléculaires : les *jumping fragment* (définition 4.3.1).

Définition 4.3.1 (Jumping Fragment) *Soit une base de graphes moléculaires $\mathcal{D}$ partitionnée en deux sous-ensembles $\mathcal{D}_1$ et $\mathcal{D}_2$: un* jumping fragment *de $\mathcal{D}_2$ vers $\mathcal{D}_1$ est un fragment moléculaire fréquent dans $\mathcal{D}_1$ qui n'apparaît jamais dans $\mathcal{D}_2$.*

La notion de jumping fragment est liée à la notion de JEP mais un jumping fragment est constitué d'un seul fragment moléculaire. L'exemple d'un jumping fragment est donné par la figure 4.1.

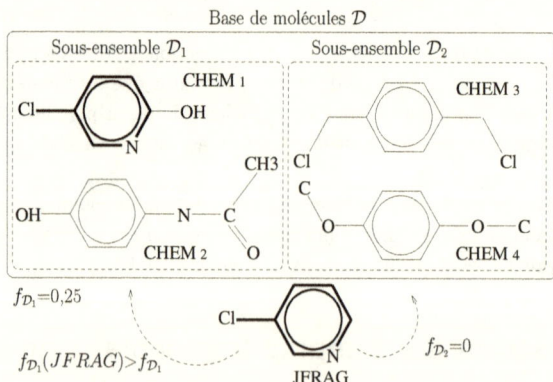

FIGURE 4.1 – Exemple d'un jumping fragment dans une base de graphes moléculaires.

Le fragment $JFRAG$ est fréquent à 50% dans $\mathcal{D}_1$ et n'apparaît jamais dans $\mathcal{D}_2$: c'est un jumping fragment de $\mathcal{D}_2$ vers $\mathcal{D}_1$. Nous focalisons notre attention sur les jumping fragments des molécules non toxiques vers les molécules toxiques : par la suite, la présence d'un jumping fragment devrait être un bon indicateur du niveau de toxicité d'une molécule. L'objectif de cette série d'expériences est de montrer les performances et les limites de l'utilisation de jumping fragments dans un processus d'estimation de l'écotoxicité d'un ensemble de composés chimiques.

La base de molécules utilisée au cours de ces travaux ainsi que les différentes méthodes et mesures appliquées sont présentées dans le paragraphe 4.3.1. Une expérience pour déterminer si un jumping fragment est un phénomène local ou global (existant dans un autre ensemble de molécules) est réalisée dans le paragraphe 4.3.2. Le paragraphe 4.3.3 illustre une utilisation des jumping fragments en les utilisant pour la création d'une règle de décision au sein d'un processus de classification. Dans le paragraphe 4.3.4, nous présentons les résultats de classification obtenus avec un modèle QSAR développé par le CERMN. Nous présentons également une méthode de collaboration de ce modèle avec les jumping fragments dans un processus de prédiction d'écotoxicité. Enfin, nous concluons sur ces travaux dans le paragraphe 4.3.5.

4.3.1 Matériel et méthodes

Base de molécules utilisée

Une base de 72 563 molécules issues de l'INTERNATIONAL UNIFORM CHEMICAL INFORMATION DATABASE (IUCLID) version 4 [IUC 10]) a été rapatriée depuis le site web de l'EUROPEAN CHEMICALS BUREAU (ECB) [ECBHPV 08]. Les molécules ont été annotées avec les indicateurs quantitatifs d'écotoxicité LC_{50}^{96}, EC_{50}^{48} et LC_{50}^{72} (voir le paragraphe 1.3.1 au chapitre 1). La préparation des molécules de cette base a été effectuée par le CERMN suivant le protocole proposé par D. FOURCHES dans [Fourches 10] pour obtenir au final deux bases de graphes moléculaires. Pour plus d'information sur le mécanisme mis en place pour ce traitement, le lecteur est invité à consulter les travaux de [Lozano 10c]. Le tableau 4.1 propose une présentation de ces deux bases.

Nom de la base	Classe	Nombre de molécules	Toxicité
B_{ECBHPV}^{436}	$H400$	372	Toxique
	$H402$	64	Non toxique
B_{ECBHPV}^{564}	$H400$	372	Toxique
	$H402$	192	Non toxique

TABLE 4.1 – Description de deux bases de molécules extraites de la base ECB.

Le modèle $QSAR_{CERMN}^{ECB}$ proposé par le CERMN est construit sur la base B_{ECBHPV}^{436}. Le petit nombre de molécules $H402$ dans la base B_{ECBHPV}^{436} peut mener à l'extraction de jumping fragments non justifiés qui seront alors traités comme des toxicophores mais qui resteront non prédictifs lorsqu'ils seront testés sur la base de test : c'est la raison pour laquelle les expérimentations concernant les jumping fragments sont réalisées sur la base B_{ECBHPV}^{564} (cette base est détaillée dans le paragraphe 1.3.2 au chapitre 1). Dans nos expérimentations, $\mathcal{D}_1$ est le sous-ensemble des molécules de classe $H400$ et $\mathcal{D}_2$ est le sous-ensemble des molécules de classe $H402$.

Processus de validation croisée

Chaque expérience est réalisée dans un processus de *validation croisée* en cinq *itérations* : la base de données est partitionnée aléatoirement en cinq parties égales, en respectant la distribution initiale des classes. Lors de chaque itération de la validation croisée, une des cinq parties de la base joue le rôle de *jeu de test*, les quatre autres parties constituant le *jeu d'apprentissage*. Ceci permet de pouvoir utiliser 80% des données en apprentissage et 20% des données en test. Les jumping fragments sont extraits du jeu d'apprentissage. Nous avons décidé d'utiliser une méthodologie en validation croisée plutôt qu'un modèle de *leave-one-out* afin de pouvoir comparer les ensembles de jumping fragments extraits entre les différentes itérations de la validation croisée.

Test d'indépendance du χ^2

Comme nous l'avons vu dans la section 3.4 au chapitre 3, le choix du seuil de fréquence minimum influence directement les fragments émergents (dans notre cas les jumping fragments) qui sont extraits d'une base de molécules : plus ce seuil est faible, plus les fragments sont (i) grands (la taille est donnée par le nombre d'atomes dans un fragment) et nombreux et (ii) dépendant de la base de molécules. Afin de justifier statistiquement la présence d'un jumping fragment dans la base de molécules, nous utilisons un *test d'indépendance du χ^2* [Greenwood 96]. À partir d'un seuil de confiance, ce test fixe le seuil de fréquence minimum. Les jumping fragments qui ont une fréquence supérieure à ce seuil dans les molécules $H400$ du jeu d'apprentissage sont extraits.

Évaluation d'un classifieur fondé sur les jumping fragments

Lorsqu'un classifieur utilise les jumping fragments pour réaliser des prédictions de toxicité, nous utilisons les deux mesures suivantes pour l'évaluer :

taux de couverture : c'est le ratio du nombre de molécules de $\mathcal{D}$ (respectivement $\mathcal{D}_1$, $\mathcal{D}_2$) qui contiennent un jumping fragment sur le nombre de molécules de $\mathcal{D}$ (respectivement $\mathcal{D}_1$, $\mathcal{D}_2$).

taux de succès : c'est le ratio du nombre de molécules de classe $H400$ (respectivement $H402$) prédites $H400$ (respectivement $H402$) sur le nombre de molécules de classe $H400$ (respectivement $H402$). Avec les quatre indicateurs utilisés pour l'évaluation d'un classifieur présentés dans le paragraphe 2.4.2 du chapitre 2, ce taux est donné par la formule : $\frac{tp}{tp+fn}$.

Les expérimentations ont été conduites sur un ordinateur utilisant LINUX avec un processeur double cœur 2.83 GHz et 3.8 GB de mémoire RAM.

4.3.2 Étude de la généralisation des jumping fragments

Dans cette section, nous réalisons une expérience sur la *généralisation des jumping fragments* : cela consiste à déterminer si les jumping fragments extraits d'un jeu de molécules conservent leur propriétés remarquables dans un autre jeu. Pour cela : (i) nous évaluons l'influence du seuil de confiance du test d'indépendance du χ^2 sur l'extraction des jumping fragments, (ii) nous déterminons trois propriétés caractérisant les jumping fragments et nous observons le maintien de ces propriétés d'un jeu de molécules à un autre et (iii) nous calculons la proportion de jumping fragments communs entre deux itérations de validation croisée.

Seuil de confiance du test d'indépendance du χ^2

Contexte de l'étude Pour réfuter l'hypothèse que les molécules contenant les jumping fragments sont réparties indépendamment des deux classes (toxique et non toxique), seuls les fragments qui apparaissent suffisamment dans les molécules toxiques sont extraits. Pour cela, un test d'indépendance du χ^2 est utilisé pour sélectionner les jumping fragments. Le seul paramètre libre de cette méthode est le seuil de confiance du test du χ^2 qui détermine un seuil de fréquence minimum dans $\mathcal{D}_1$ pour l'extraction des fragments. Avec une 5-validation croisée, la taille du jeu de test représente un cinquième du jeu de donnée initial : les seuils de fréquence déterminés grâce au test d'indépendance du χ^2 sont de 2,6% (8 molécules) et 4,3% (13 molécules) pour des seuils de confiance respectivement de 95% et de 99%. Dans cette étude, nous mesurons la distribution moyenne par taille du nombre de jumping fragments extraits pour les seuils de confiance de 95% et 99%.

Analyse des résultats Les résultats obtenus en moyenne sur les cinq itérations de validation croisée sont reportés dans le tableau 4.2.

Lorsque le seuil de confiance diminue, le seuil de fréquence décroît et (i) il y a plus de fragments extraits et (ii) les fragments sont plus grands (en nombre d'atomes). Par la suite, nous utilisons le seuil de confiance de 99% : c'est le seuil le plus strict qui permet d'extraire un ensemble de jumping fragments aux dimensions (nombre de fragments et taille moyenne de ceux-ci) assez grandes.

Maintien des propriétés des jumping fragments

Contexte de l'étude Avec l'utilisation du test d'indépendance du χ^2, un jumping fragment doit satisfaire les trois propriétés suivantes pour être extrait :
  a) Apparaître dans $\mathcal{D}_1$.
  b) Ne pas apparaître dans $\mathcal{D}_2$.
  c) Être significativement plus présent dans $\mathcal{D}_1$ que dans $\mathcal{D}_2$.
Pour étudier le maintien de ces propriétés, nous avons analysé le passage des fragments extraits depuis le jeu d'apprentissage dans le jeu de test pour les cinq itérations de la

Taille du fragment	Seuil de confiance (%)	
	95	99
2	2,2	0,8
3	6,8	2,2
4	21,4	9,8
5	53,8	18,6
6	96,2	30,6
7	163,4	44,8
8	275,8	63
9	383,8	59,4
10	397,6	30,2
11	322,2	10
12	205,2	1,4
13	93,2	0
14	22,8	0
15	3,4	0

TABLE 4.2 – Distribution moyenne par taille du nombre de jumping fragments extraits pour les seuils de confiance de 95% et 99%.

validation croisée. L'objectif est de vérifier que les propriétés b et c de chaque jumping fragment se vérifient aussi dans le jeu de test. Un jumping fragment est intéressant tant qu'il est significativement plus présent dans $\mathcal{D}_1$ que dans $\mathcal{D}_2$: pour cette raison, nous étudions la généralisation de la propriété c et non de la propriété a. Nous mesurons (i) le pourcentage de jumping fragments vérifiant la propriété b, (ii) le pourcentage de jumping fragments vérifiant la propriété c et (iii) le pourcentage de jumping fragments ne vérifiant ni la propriété b ni la propriété c. Pour plus de précisions sur les résultats obtenus, nous réalisons cette étude en corrélation avec la taille des fragments : pour chaque itération, l'ensemble des jumping fragments extraits est trié par taille et partitionné en quatre ensembles de même cardinalité.

Analyse des résultats   Les résultats obtenus pour chaque itération de validation croisée sont énoncés dans le tableau 4.3.

Les propriétés b et c sont équivalentes pour toutes les tailles de jumping fragments même si leur maintien est légèrement meilleur pour les petits fragments. La propriété b se généralise pour 60,31% des fragments extraits dans l'itération 1 de la validation croisée jusqu'à 98,71% dans l'itération 4 avec une moyenne de 82,42%. La propriété c se vérifie pour 80,62% des fragments extraits dans l'itération 1 jusqu'à 100% dans les itérations 3 et 5 avec une moyenne de 93,21%. Les propriétés b et c des jumping fragments extraits dans le jeu d'apprentissage se maintiennent bien dans le jeu de test pour chaque itération de la validation croisée.

Itération de la validation croisée	Mesures	Taille des fragments				
		Très petite	Petite	Moyenne	Grande	Toute
1	Taille(min,max,moy)	3 7 5,7	7 8 7,7	8 9 8,8	9 12 10,2	3 12 8,1
	Propriété b(%)	80,25	65,43	64,2	31,71	60,31
	Propriété c(%)	91,36	82,72	66,67	81,71	80,62
	Échec sur les deux (%)	8,64	12,35	19,75	10,98	12,92
2	Taille(min,max,moy)	2 6 5,1	6 8 7,2	8 9 8,4	9 12 10,3	2 12 7,7
	Propriété b(%)	85,48	90,48	88,89	79,37	86,06
	Propriété c(%)	95,16	93,65	90,48	79,37	89,64
	Échec sur les deux (%)	4,84	6,35	9,52	20,63	10,36
3	Taille(min,max,moy)	2 6 5,1	6 8 7,1	8 9 8,2	9 12 9,8	2 12 7,5
	Propriété b(%)	76,39	76,71	90,28	98,63	85,52
	Propriété c(%)	100	100	100	100	100
	Échec sur les deux (%)	0	0	0	0	0
4	Taille(min,max,moy)	2 7 5,2	7 8 7,3	8 9 8,4	9 12 9,9	2 12 7,7
	Propriété b(%)	100	100	98,28	96,61	98,71
	Propriété c(%)	100	100	98,28	96,61	98,71
	Échec sur les deux (%)	0	0	1,72	1,69	0,86
5	Taille(min,max,moy)	2 7 5,4	7 8 7,3	8 9 8,3	9 11 9,8	2 11 7,6
	Propriété b(%)	92,06	90,63	79,69	92,19	88,63
	Propriété c(%)	100	100	100	100	100
	Échec sur les deux (%)	0	0	0	0	0
Moyenne	Taille(min,max,moy)	2,2 6,6 5,3	6,6 8 7,3	8 9 8,4	9 11,8 10	2,2 11,8 7,7
	Propriété b(%)	86,01	83,19	83,14	77,42	82,42
	Propriété c(%)	97,02	94,69	89,94	91,2	93,21
	Échec sur les deux (%)	2,98	4,13	6,8	6,74	5,17

TABLE 4.3 – Maintien des propriétés des jumping fragments extraits du jeu d'apprentissage dans le jeu de test avec un seuil de confiance de 99% pour chaque itération de la validation croisée.

Proportion de jumping fragments communs aux itérations de validation croisée

Contexte de l'étude   Dans l'étude précédente nous avons montré que les jumping fragments extraits du jeu d'apprentissage se retrouvaient généralement dans le jeu de test. L'objectif de cette nouvelle étude est de déterminer si les itérations de validation croisée extraient les mêmes jumping fragments. Pour cela, nous considérons chaque paire d'itérations de validation croisée tour à tour et nous mesurons le pourcentage de jumping fragments en commun entre les deux itérations.

Analyse des résultats   La redondance des jumping fragments extraits entre chaque paire d'itérations de validation croisée est affichée dans le tableau 4.4.

Itération	1	2	3	4	5
1	-	39,13	45,05	44,94	48,34
2	39,13	-	63,94	68,94	61,15
3	45,05	63,94	-	68,17	67,18
4	44,94	68,64	68,17	-	68,28
5	48,34	61,15	67,18	68,28	-

TABLE 4.4 – Pourcentage de jumping fragments communs entre chaque paire d'itération de validation croisée.

Les itérations 1 et 2 de la validation croisée extraient 39,13% de jumping fragments communs : c'est le taux le plus bas observé. Le taux de redondance le plus élevé, 68,94%, a été observé entre les itérations 2 et 4. Pour chaque paire d'itérations, cette échelle 39-69% représente un grand ensemble de fragments extraits par les deux itérations.

Conclusion sur la généralisation des jumping fragments

Certains jumping fragments sont statistiquement significatifs dans une itération de validation croisée mais pas dans les autres. Les fragments d'une itération qui ne vérifient pas la propriété b dans le jeu de test d'une itération ne sont pas extraits par les autres itérations. Il y a un équilibre entre l'influence des propriétés b et c sur les jumping fragments différents extraits entre deux itérations. Il y a entre 18% et 51% de jumping fragments communs entre les itérations de validation croisée. Ces fragments communs sont de possibles toxicophores : ils peuvent être présentés à des experts pour analyse mais aussi utilisés dans des processus de classification comme le montre la prochaine section.

4.3.3   Classification fondée sur les jumping fragments

Dans cette partie, nous introduisons les jumping fragments issu de la classe $H400$ (i.e. les molécules toxiques) dans un processus de classification afin d'évaluer leur pouvoir de prédiction. Pour cela, nous étudions (i) la couverture des jumping fragments sur les molécules $H402$ du jeu de test et (ii) l'évaluation d'une règle de décision construite sur les jumping fragments.

Couverture des jumping fragments sur les molécules $H402$ du jeu de test

Contexte de l'étude   L'objectif de cette partie est d'observer l'utilité des jumping fragments dans un processus de classification. De par les propriétés a et b des jumping fragments, le taux de couverture des molécules $H402$ dans le jeu de test constitue le premier critère de performance des jumping fragments : ce taux doit être faible pour obtenir un bon classifieur pour prédire les molécules toxiques ($H400$). Nous utilisons différents seuils de fréquence afin d'observer l'influence de la fréquence sur ce taux de couverture : ces seuils sont 1%, 2,6%, 4,3% et 10%. Les seuils de 2,6% et 4,3% correspondent respectivement au seuil de confiance de 95% et 99% du test d'indépendance du χ^2. Pour chaque itération de validation croisée et chaque seuil de fréquence, nous mesurons le taux de couverture des jumping fragments extraits du jeu d'apprentissage sur les molécules $H402$ du jeu de test.

Analyse des résultats   Le tableau 4.5 reporte les résultats de cette étude en fonction de l'itération de la validation croisée et du seuil de fréquence minimum.

Avec un seuil de fréquence minimum de 10%, pratiquement aucun jumping fragment n'est extrait, ce qui signifie que pratiquement aucune molécule ne peut contenir

Itération	Seuil de fréquence minimum(%)			
	1	**2,6**	**4,3**	**10**
1	47	23	7	0
2	36	20	5	2
3	51	23	8	5
4	36	10	3	0
5	51	18	5	0
Moyenne	44,2	19	5,7	1,4

TABLE 4.5 – Taux de couverture des jumping fragments extraits du jeu d'apprentissage sur les molécules $H402$ du jeu de test en fonction du seuil de fréquence minimum.

de jumping fragments : très peu de molécule $H402$ (en moyenne 1,4%) sont couvertes. Avec un seuil de fréquence minimum de 4,3%, une centaine de jumping fragments sont extraits et le taux de couverture des molécules $H402$ reste très bas (en moyenne 5,7%) ce qui témoigne d'un bon résultat. Avec un seuil de fréquence minimum de 2,6%, des milliers de fragments sont extraits du jeu d'apprentissage et ils sont largement absents des molécules $H402$: le taux de couverture ne dépasse pas 19% en moyenne. Avec un seuil de fréquence de 1%, le taux de couverture des molécules $H402$ atteint en moyenne 44,2% : cette valeur est bien trop élevée et montre clairement que les jumping fragments avec une faible fréquence dans les molécules $H400$ ne sont pas, considérés individuellement, suffisants pour affirmer qu'une molécule ne contenant pas de jumping fragments est une molécule $H402$.

Évaluation d'une règle de décision construite sur les jumping fragments

Contexte de l'étude Dans le chapitre 1, nous avons vu que les toxicophores sont traditionnellement utilisés par des systèmes experts pour prévenir de la possible toxicité d'une molécule [Ridings 96, Greene 97]. Le principe consiste à analyser la structure en deux dimensions d'une molécule : lorsqu'un toxicophore est détecté, le système prévient l'utilisateur de la possible toxicité de la molécule. Pour illustrer ce mode de fonctionnement, nous considérons dans cette partie, la règle de décision suivante fondée sur les jumping fragments : *une molécule est de classe $H400$ si elle contient au moins un jumping fragment dans sa structure.* Nous étudions les performances en classification en fonction du seuil de fréquence : 5%, 4,3%, 3%, 2,6%, 1% et 0,6%. Pour chaque seuil de fréquence et chaque itération de validation croisée, les jumping fragments ont été extraits du jeu d'apprentissage et la règle de décision correspondante, construite. Nous mesurons (i) le support d'extraction des jumping fragments dans les molécules $H400$ du jeu d'apprentissage correspondant au seuil de fréquence minimum, (ii) le taux de couverture des jumping fragments sur les molécules $H400$ du jeu d'apprentissage, (iii) l'écart type (σ) de la couverture des jumping fragments sur les molécules $H400$ du jeu d'apprentissage, (iv) le taux de succès du classifieur sur les molécules $H400$ du jeu de test, (v) le taux de succès du classifieur sur les molécules $H402$ du jeu de test et (vi) le taux de succès global du classifieur sur les molécules du jeu de test.

Analyse des résultats   Toutes les mesures sont données en moyenne sur les cinq itérations de la validation croisée dans le tableau 4.6.

Jeu	Mesures	Seuil de fréquence minimum(%)					
		5	4,3	3	2,6	1	0,6
Apprentissage	Support dans les molécules $H400$	15	13	9	8	3	2
	Taux de couverture sur les $H400$ (%)	34,3	41,5	60,4	62,9	81	84,3
	Couverture sur les $H400$ (σ)	6,43	4,9	3,83	2,7	1,27	0,74
Test	Taux de succès sur les $H400$ (%)	38,3	42,9	62,6	66,9	79	81,9
	Taux de succès sur les $H402$ (%)	95,8	94,3	85	81	55,8	47,1
	Taux de succès global (%)	58,1	60,6	69,9	70,7	71	69,9

TABLE 4.6 – Évaluation du classifieur utilisant les jumping fragments sur le jeu d'apprentissage et le jeu de test en fonction du seuil de fréquence minimum.

Le taux de couverture des jumping fragments sur les molécules $H400$ du jeu d'apprentissage varie de 34,3% pour un seuil de fréquence de 5% à 84,3% pour un seuil de fréquence de 0,6%. L'écart type de la couverture varie de 6,43 pour une fréquence de 5% à 0,74 pour une fréquence de 0,6%. Ces résultats montrent que la corrélation des taux de couverture entre les itérations de validation croisée augmente lorsque le seuil de fréquence décroît. Le taux de succès sur les molécules $H400$ dans le jeu de test mesure la performance de la règle de décision pour la classification des molécules $H400$: il varie de 38,3% pour un seuil de fréquence de 5% à 81,9% pour une fréquence de 0,6%. Ces résultats confirment que les fragments extraits d'un ensemble de molécule $H400$ apparaissent aussi dans les molécules $H400$ en dehors de cet ensemble. Le taux de succès sur les molécules $H402$ dans le jeu de test varie de 95,8% pour un seuil de fréquence de 5% à 47,1% pour un seuil de fréquence de 0,6% : ces résultats montrent une corrélation entre le nombre de molécules associées à un jumping fragment et la fréquence de ce même jumping fragment dans l'ensemble des molécules $H402$. Le taux de succès sur les molécules $H402$ dans le jeu de test chute lorsque la fréquence passe de 2,6% à 1% : il varie de 81% à 55,8%. Le support correspondant dans les 300 molécules du jeu d'apprentissage est de 8 (2,6%) et 3 (1%) molécules. En conséquence, pour cette étude, les fréquences des jumping fragments dans les molécules $H402$ sont très faibles lorsque leur support dans les molécules $H400$ est inférieur à 10. Le taux de succès du classifieur global utilisant la règle de décision fondée sur les jumping fragments varie de 58,1% pour un seuil de fréquence de 5% à 69,9% pour un seuil de fréquence de 0,6%. Nous pouvons noter qu'avec un seuil de fréquence de 0,6% un fragment est fréquent dès qu'il apparaît dans 2 molécules $H400$. Cette contrainte est très faible et cela explique la diminution des performances reliées au seuil de fréquence de 0,6%. Le seuil de fréquence qui produit la règle de décision optimale est 2,6% pour lequel la règle de décision est précise dans 71% du jeu de données.

Exemple de toxicophores extraits Comme illustration de jumping fragments, le tableau 4.7 liste tous les fragments associés aux molécules $H400$ pour une fréquence de 5% et pour lesquels le taux de succès du classifieur fondé sur la règle de décision est de 95,8% sur les molécules $H402$ dans le jeu de test.

Nombre de molécules $H400$ contenant le jumping fragment dans le jeu d'apprentissage						
34 à 25	25 à 22	22 à 19	19 à 18	18 à 17	17 à 16	16 à 15
cOP	Clc(c(cc1)Cl)cc1	cccOP(OC)(O)-S	c(ccc1OP-S)cc1	c(ccc(NO)cc)O	cccOC(N)-O	cccc(OC(N)-O)c
cOPO	Clcc(ccc)Cl	cccOP(OC)OC	cccc(OP(-S)O)c	c(ccc1NO)(O)cc1	C(C(CC1)C)CC1	cccc(OC(N)-O)cc
cOPOC	ClccccccCl	cccOP(OC)(OC)-S	cccc(OP(-S)O)cc	ccc(cccN-O)O	cOP(OCC)-S	c(ccc1OC(N)-O)cc1
ccOP	ccc(c(cc)Cl)Cl	ccc(OC-O)cc	c(ccc1OP(-S)O)cc1	ccc(cccN(-O)O)O	ccOPOCC	ccccccOCN
ccOPO	ccOP(O)O	cccOC-O	cccc(OP-S)c	ccc(cccNO)O	n(c(NC)c	cccc(OCN)c
cccOP	c(cc0)C	cccc(OC-O)c	cccc(OP(-S)O)c	cc(OP(OC)-S)c	c(ccc1cc)cc1	ccccOC(N)-O
cccOPO	cOC-O	cccc(OC-O)cc	cccccOP-S	ccc(OP(OC)-S)c	ccccOP(-S)(O)O	cccc(OC(N)-O)c
ccOP-S	ccOC-O	c(ccc1OC-O)cc1	cccccOP(-S)O	ccc(OP(OC)-S)cc	cccOP(OC)O	cccccccOCN
cOP(-S)O	ccccOC-O	cccccOC-O	c(ccO)(C)c	ccc(OP(OC)-S)c	cccccOP(OC)(O)-S	ccccccOC(N)-O
ccOPOC	cc(OP)c	cccc(OC-O)c	c(ccO)cC	ccc(OP(OC)-S)cc	cccccOP(OC)OC	cccOPOCC
OP(-S)(O)O	cccOP(-S)(O)O	ccccccOC-O	c(ccO)(C)(C)c	c(ccc1OP(OC)-S)cc1	ccccOP(-S)(O)O	n(c(NC)NC)c
O(P(OC)(O)-S)C	cc(OPO)c	cc(OPOC)c	ccc(ccO)C	cccc(OP(OC)-S)c	ccccOP(OC)O	n(c(nc)NC)c
O(C)P(-S)(O)O	ccOP(OC)O	ccc(OPOC)c	ccc(cc(O)c)C	cccccOP(OC)-S	cccccOP(OC)O	nc(NC)n
cOP(OC)-S	ccOP(OC)(O)-S	ccc(OPOC)cc	c(cc(c1)C)cc1O	cCOC	cccccOP(OC)(O)-S	cc(OP(O)O)c
cccOPOC	ccOP(OC)OC	cccOP-S	ccc(ccC)O	ccCOC	ccccOP(OC)OC	ccc(OP(O)O)c
ccOP-S	ccOP(OC)(OC)-S	ccccOP(-S)O	cc(ccc(C)c)O	cc(COC)c	ccccOP(OC)(OC)-S	ccc(OP(O)O)cc
ccOP(-S)O	ccc(OP)c	cccc(OPOC)c	ccc(ccO)C	cc(COC)O	cCOCC	cccc(OP(O)O)c
ccOP(OC)-S	cc(OP)c	cccc(OPOC)cc	cccc(ccO)O	O(P(OCC)(O)-S)CC	ccCOCC	cccc(OP(O)O)c
cccOP-S	cc(OP)ec	ccccc(OPOC)cc	ccc(ccC)O	O(P(OCC)(O)-S)C	ccCOCC	cccc(OP(O)O)cc
cccOP(-S)O	c(ccc1OP)cc1	ccc(OPOC)cc	cccc(ccC1)Cl)c	O(CC)P(-S)(O)O	cc(COCC)c	c(ccc1OP(O)O)cc1
ClccCl	cccc(OPO)cc	ccccOP-S	Clcc(ccC1)Cl	n(cO)c	ccc(COC)cc	cccc(OP(O)O)c
Clc(cCl)c	cccOP(O)O	ccccc(OPOC)c	cOPOCC	cccccOP(O)O	cccc(COC)c	cccccccOP(O)O
Clcc(cc)Cl	cccc(OP)cc	ccccccOPOC	ncNC	cccccOP(O)O	ccc(COC)c	ccccccOC(N)-O
Clcc(ccc)Cl	c(ccc1OP)cc1	ncO	c(cccN-O)O	Clc(c(ccC1)Cl)c	cccc(COC)c	c(cC-O)c
cOP(O)O	cccc(OPO)c	cccOP(OC)-S	c(ccc(N-O)O)c	Clc(c(cc1Cl)Cl)cc1	cccccOC	c(c(C-O)c)c
cccOP(OC)-S	cccc(OPO)cc	ccccOP(OC)-S	c(ccc(N-O)(O)c	Clc(c(ccC1)Cl)c	ccccc(COC	cOCNC
cOP(-S)(O)O	c(ccc1OPO)cc1	c(cccc0)C	c(ccc(N-O)cc)O	Clc(c(cccCl)Cl)c	cccccc(COC	cOC(NC)-O
cOP(OC)O	cccOPOCC	c(ccc(O)(C)c	c(ccc1N-O)cc1	Clcc(cccCl)Cl)c	cc(OCN)c	ccOCNC
cOP(OC)(O)-S	cccc(OP)c	c(cccc(O)c)C	c(ccc(N(-O)O)c	Clcc(cc(Cl)Cl)c	ccc(OC(N)-O)c	ccOC(NC)-O
cOP(OC)OC	ccccc(OPO)c	cS	c(cccN(-O)O)(O)c	Clccc(c(cc)Cl)Cl	ccc(OCN)c	cccOCNC
cOP(OC)(OC)-S	cccccOPOC	cc(OP-S)c	c(ccc(N(-O)O)c)c	Clccc(cc)Cl	cc(OCN)cc	cccOC(NC)-O
ccccOP	ccccccOP	cc(OP(-S)O)c	c(ccc(N(-O)O)c)O)c	cccCOC	ccc(OC(N)-O)c	ccOP(OCC)-S
cccOPO	cccccOPO	ccc(OP-S)c	c(ccc(N(-O)O)O)cc1	ccc(COC)c	ccc(OC(N)-O)cc	
ccccOP	cc(OC-O)c	ccc(OP-S)cc	c(cccNO)O	cOCN	cccccOCN	
ccccOPO	cccc(OC-O)c	ccc(OP-S)cc	c(ccc1N-O)(O)cc1	cOC(N)-O	ccc(OCN)c	
Clc(c(Cl)c)c	c(ccc1OCC)cc1	cccc(OP-S)c	c(cccNO)(O)c	ccOCN	cccc(OCN)cc	
Clc(c(cCl)c	ccOP(-S)(O)O	cccc(OP-S)cc	c(ccc(NO)c)O	ccOC(N)-O	c(ccc1OCN)cc1	
Clc(c(ccc)Cl)c	cccOP(OC)	cccc(OP-S)cc	c(ccc(NO)(O)c	cccOCN	ccccOC(N)-O	

de jumping fragments pas assez représentatifs des molécules de la classe $H400$ et provoque ainsi une mauvaise prédiction des molécules $H402$.

4.3.4 Collaboration des jumping fragments avec un modèle QSAR

Contexte de l'étude   En parallèle au développement de notre méthode d'extraction automatique de toxicophores, S. LOZANO à construit un modèle QSAR pour la prédiction de la toxicité des molécules de la base B_{ECBHPV}^{436}. Dans cette étude, nous analysons les résultats de classification du modèle $QSAR_{CERMN}^{ECB}$ et nous présentons une combinaison des jumping fragments avec ce modèle. Pour plus d'informations sur les questions chémoinformatique de cette partie, le lecteur est invité à consulter les travaux publiés dans [Lozano 10c].

Analyse des résultats   Le tableau 4.8 présente les résultats de classification obtenus avec le modèle $QSAR_{CERMN}^{ECB}$ pour les molécules des classes $H400$ et $H402$.

Classe réelle	Classe prédite				Taux d'échec
	H400	**H401**	**H402**	**Aucune**	
H400	176	122	70	1	19%
H402	3	18	43	0	5%

TABLE 4.8 – Résultats de la classification du modèle QSAR.

Nous notons ici l'apparition de la phrase de risque $H401$: cette phrase de risque contient les molécules ayant une valeur de toxicité située entre la phrase de risque $H400$ et la phrase de risque $H402$. Pour les molécules $H400$ un taux d'échec de 19% est obtenu (soit $H402$ est prédit, soit aucune prédiction). 176 composés sont classés $H400$ (48%), 122 composés sont classés $H401$ (33%), 70 composés sont classés $H402$ et 1 composé n'est pas classé. Le taux d'échec est bien plus bas pour les composés $H402$ (5%) avec seulement 3 composés ayant une prédiction $H400$ au lieu de $H402$. Pour mieux comprendre les prédictions erronées, une répartition en groupe des 70 composés prédits $H402$ au lieu de $H400$ est réalisée grâce à une méthode de *clustering* : elle permet de regrouper les molécules en fonction de leur activité biologique. Ce regroupement fait l'objet d'une étude dans la collaboration du modèle $QSAR_{CERMN}^{ECB}$ avec les jumping fragments.

Combinaison du modèle $QSAR_{CERMN}^{ECB}$ avec les jumping fragments   Une approche combinant ces deux méthodes est intéressante pour la classification de composés chimiques : elle permet de récupérer un bon nombre de composé mal prédits par le modèle $QSAR_{CERMN}^{ECB}$. Dans notre cas, nous considérons une nouvelle classification des 70 composés prédits $H402$ au lieu de $H400$ avec le modèle $QSAR_{CERMN}^{ECB}$ en utilisant les jumping fragments associés à différents seuils de fréquence. Pour les seuils de fréquence de 5% à

2%, 5 composés ne sont plus prédits $H402$: si l'on considère la forte corrélation entre la présence de ces jumping fragments et la classification $H402$, la probabilité est élevée que ces 5 composés soient dorénavant classés $H400$. Pour un seuil de fréquence de 1%, 1 dérivé est dorénavant classé $H400$. Les composés comportant des fonctions *carbamates* sont classés comme $H400$ seulement pour un seuil de fréquence de 1% (il reste encore 6 composés comportant une fonction *carbamate* classés $H402$). Ces résultats montrent que la fonction *carbamate* (souvent associée aux inhibiteurs *acetylcholinesterase*) n'est pas le critère principal pour définir une haute toxicité dans l'organisme. La conclusion toxique ($H400$) de la fonction *carbamate* est obtenue par couplage avec la présence d'un toxicophore (i.e. un jumping fragment).

4.3.5 Conclusion

Cette expérience apporte une méthodologie d'extraction automatique de fragments moléculaires émergents caractérisés par leur forte dépendance aux molécules très toxiques : ce sont de possibles toxicophores. Ces fragments peuvent être utilisés comme structures d'alerte au sein d'un système expert informant de la possible écotoxicité d'une molécule. La règle de décision utilisée au cours des expériences de classification est équivalente au fonctionnement d'un système expert et a montrée l'intérêt des jumping fragments pour détailler les sous-structures nocives se trouvant dans une molécule : lorsqu'il détecte un fragment moléculaire suspect dans la structure d'une molécule, il informe l'utilisateur de la possible nocivité de la molécule. L'utilisation seule des jumping fragments ne permet pas d'expliquer entièrement l'écotoxicté des molécules mais ils démontrent tout de même l'existence de structures connexes que seules les molécules toxiques partagent.

Cette étude montre également le potentiel d'une nouvelle approche combinant un modèle QSAR utilisant des descripteurs physico-chimique avec les jumping fragments. Cette série expérimentale montre qu'il est possible d'obtenir plus d'informations sur le potentiel mode d'action (MOA) associé à un composé chimique. En effet, les modèles QSAR généraux sont adaptés aux molécules avec un MOA non spécifique et permettent d'extraire les premières informations concernant la toxicité basique de celles-ci. L'utilisation de la méthode des jumping fragments donne plus d'informations sur la possibilité d'avoir un MOA particulier associé à un jumping fragment spécifique.

Pour avoir de meilleures vues sur l'importance de certaines caractéristiques chimiques (en terme de MOA), les perspectives de développement portent sur une analyse plus claire de l'importance des jumping fragments selon la toxicité d'une molécule soit dans le cadre d'une relation directe ou soit en association avec d'autres fragments moléculaires.

4.4   Les motifs émergents de graphes pour l'estimation de la toxicité des molécules

Les toxicophores sont utilisés par des modèles « in silico » afin de prédire la potentielle toxicité d'une molécule. Un système expert utilise une base de toxicophores pour indiquer à un utilisateur si une molécule test a des risques d'être toxique [Hulzebos 05, Schultz 07, Von Der Ohe 05]. Un toxicophore ne doit pas être considéré comme infaillible : si une molécule possède un tel fragment moléculaire dans sa structure, il *se peut* qu'elle soit toxique. Lorsque le système détecte un toxicophore dans la structure de la molécule, il indique à l'utilisateur le risque de toxicité de celle-ci en ajoutant un poids sur ce risque. Ce poids est lié à la qualité du fragment qui est définie par un expert (voir le fonctionnement du système expert DEREK FOR WINDOWS dans [Ellison 11]).

À la différence de la série expérimentale rapportée dans la section précédente (section 4.3), les fragments moléculaires émergents considérés ici sont plus généraux : le taux de croissance n'est plus fixé à la valeur « infini ». Nous introduisons également l'utilisation des motifs émergents de fragments moléculaires pour la prédiction de toxicité. Puisqu'ils représentent des conjonctions de fragments moléculaires, leur intérêt vient du fait qu'ils modélisent des toxicophores agissant à différents endroits dans une molécule. La série d'expériences relatée dans cette section montre l'intérêt de l'utilisation de fragments émergents ayant un taux de croissance n'étant pas obligatoirement infini et l'apport des motifs émergents de fragments moléculaires dans un processus de classification. Une des contributions de l'extraction des motifs émergents de fragments moléculaires est de permettre la détection de points de ruptures structurelles dans les bases de molécules : certains motifs de fragments sont très rares dans les molécules de faible toxicité et apparaissent très nettement au dessus d'un niveau de toxicité seuil, ces seuils ne correspondent pas aux seuils des classes.

La base de molécules utilisée au cours de ces travaux ainsi que les différentes méthodes et mesures appliquées sont présentées dans le paragraphe 4.4.1. Une expérience dont le but est de déterminer si un fragment moléculaire émergent extrait d'un jeu de molécules se retrouve à l'extérieur de ce jeu est réalisée dans le paragraphe 4.4.2 . Le paragraphe 4.4.3 se focalise sur l'utilisation des fragments moléculaires émergents dans un processus de prédiction en toxicologie. De nouvelles caractérisations du phénomène de toxicité sont obtenues par la détection de points de ruptures structurelles dans le paragraphe 4.4.4. L'apport de l'utilisation des motifs émergents de fragments moléculaires dans ce processus de prédiction est montré dans le paragraphe 4.4.5. Enfin, nous concluons sur ces travaux dans le paragraphe 4.4.6.

4.4.1 Matériel et méthodes

Base de molécules utilisée

Cette série d'expériences est réalisée sur une base du CERMN issue du REGISTRY OF TOXIC EFFECTS OF CHEMICAL SUBSTANCES (RTECS) [RTECS 10] regroupant 10 830 molécules dont la toxicité a été mesurée sur des rats. Le niveau de toxicité des molécules est quantifié grâce à l'utilisation de l'indicateur de toxicité DL_{50} (voir le paragraphe 1.3.1 au chapitre 1). Plus la valeur de l'indicateur est élevée, plus il faut de concentration de cette molécule pour qu'elle soit toxique, donc moins la molécule est toxique. Cette base est nommée $B_{RTECS}^{10\ 830}$ (voir le paragraphe 1.3.2 du chapitre 1) : elle est présentée dans le tableau 4.9.

Classe	Nombre de molécules	Valeur de DL_{50}	Toxicité
1	1 046	$DL_{50} \leq 50$ mg/kg	très toxique
2	8 180	50 mg/kg $< DL_{50} \leq 5000$ mg/kg	toxique
3	1 604	5000 mg/kg $< DL_{50}$	peu toxique
-	10 830	-	-

TABLE 4.9 – Description de la base $B_{RTECS}^{10\ 830}$.

Un premier constat concerne la prédominance des molécules de classe 2 : elles représentent 75% de la base. Ce déséquilibre entre le nombre de molécules par classe empêche d'utiliser un test d'indépendance du χ^2 pour l'extraction des motifs émergents de fragments moléculaires comme nous l'avions fait dans la première série d'expériences (section 4.3) : avec un seuil de confiance du χ^2 de 99%, il suffit qu'un motif soit contenu uniquement dans une seule molécule de la classe 1 pour que son émergence soit justifiée statistiquement.

Processus de validation croisée

Chaque expérience présentée dans cette section est réalisée suivant un processus de *validation croisée* en cinq *itérations* : (i) la base de molécules étudiée est initialement partitionnée en trois sous-ensembles selon les classes « très toxique » (1) , « toxique » (2) et « peu toxique » (3) et (ii) chaque sous-ensemble est ensuite divisé en cinq parties égales. La validation croisée est réalisée en réservant tour à tour chacune des cinq parties de la base pour jouer le rôle de *jeu de test*, les quatre parties restantes constituant le *jeu d'apprentissage*. L'usage de la validation croisée en cinq itérations permet de pouvoir utiliser 80% des données en apprentissage et 20% des données en test : pour cette base de données, cela représente 8666 molécules dans le jeu d'apprentissage et 2164 molécules dans le jeu de test. Le grand nombre de molécules utilisées lors de chaque itération permet notamment d'étudier le passage à l'échelle de l'extraction des motifs émergents de graphes. Pour chacune des études réalisées au cours de cette série d'expériences, nous donnons les résultats en calculant la moyenne sur les cinq itérations de la validation croisée.

Règle d'association

L'extraction d'un motif émergent de fragments moléculaires correspond à la découverte d'une règle d'association (voir le paragraphe 2.4.1 au chapitre 2). Une règle d'association met en évidence un lien existant entre deux variables : dans notre cas, il s'agit de lier la présence d'un motif émergent avec la toxicité de la molécule dans laquelle il se trouve. Soit la base de molécules $\mathcal{D}$ partitionnée en deux sous-ensembles : $\mathcal{D}_1$ l'ensemble de molécules positif (très toxique), de classe P et $\mathcal{D}_2$ l'ensemble de molécules négatif (peu toxique), de classe N. Une règle d'association est constituée d'une prémisse qui est un fragment $EFRAG$ émergent de $\mathcal{D}_2$ vers $\mathcal{D}_1$ et d'une conclusion qui est la classe P. Nous avons vu au paragraphe 2.4.1 du chapitre 2 qu'il est commun d'utiliser trois mesures pour évaluer la qualité d'une règle d'association. Ces mesures sont la fréquence, la confiance et l'amélioration. Les règles ayant une bonne fréquence et une bonne confiance ont une amélioration très grande : ce sont des règles de qualité.

Évaluation d'un classifieur fondé sur les règles d'association

Nous avons choisi d'utiliser le système d'évaluation de classifieur fondé sur les mesures de rappel et de précision [Davis 06]. Nous avons vu au paragraphe 2.4.2 du chapitre 2 les trois mesures utilisées pour évaluer un classifieur. Ces mesures sont la précision, le rappel et la f-mesure. Par la suite, le *taux de couverture* d'un fragment $EFRAG$ dans une base de molécules $\mathcal{D}$ correspond au ratio du nombre de molécules de $\mathcal{D}$ qui contiennent $EFRAG$ sur le nombre de molécules de $\mathcal{D}$: sur le jeu d'apprentissage, le taux de couverture d'un fragment sur les molécules de l'ensemble positif correspond à sa fréquence. Le *taux de succès* d'un classifieur correspond au ratio du nombre de molécules de classe P prédites P sur le nombre de molécules de classe P. Dans le cadre d'une classification à une seule classe, le taux de succès d'un classifieur est égal à son rappel.

4.4.2   Étude de la généralisation des fragments moléculaires émergents

Dans cette section, nous réalisons une expérience sur la *généralisation des fragments moléculaires émergents* : cela consiste à déterminer si les fragments émergents extraits d'un jeu de molécules conservent leurs propriétés de fréquence et d'émergence dans un autre jeu. Pour cela, (i) nous mesurons l'influence du seuil de fréquence minimum et du taux de croissance minimum sur l'extraction des fragments moléculaires émergents, (ii) nous évaluons le maintien de la fréquence et de l'émergence d'un fragment moléculaire émergent à l'extérieur du jeu d'apprentissage et (iii) nous évaluons le maintien de la fréquence, de la confiance et de l'amélioration des règles d'association liées aux fragments moléculaires émergents à l'extérieur du jeu d'apprentissage.

Extraction des fragments moléculaires émergents

Contexte de l'étude L'extraction de l'ensemble de fragments moléculaires est dépendante d'un seuil de fréquence minimum et d'un taux de croissance minimum. Dans cette étude nous observons l'influence de ces deux paramètres sur l'extraction, du jeu d'apprentissage, des fragments moléculaires émergents. Pour cela, nous utilisons différents seuils de fréquence : 10%, 7%, 5%, 4%, 3% et 2%. Pour chaque seuil de fréquence, nous réalisons une extraction des fragments moléculaires émergents de l'ensemble regroupant les molécules des classes 2 et 3 vers l'ensemble regroupant les molécules de classe 1 en utilisant un taux de croissance minimum de 2. Chaque ensemble de fragments émergents obtenu est partitionné selon le taux de croissance des fragments : cinq partitions sont créées : le taux de croissance d'un fragment émergent se situe soit dans [2,5[, soit dans [5,10[, soit dans [10,50[, soit dans [50,100[, soit dans [100,∞[ou soit il est infini (∞). Pour chaque seuil de fréquence, nous mesurons le pourcentage de fragments contenus dans chaque partition.

Analyse des résultats Le tableau 4.10 donne la répartition des fragments moléculaires émergents extraits du jeu d'apprentissage en fonction du taux de croissance pour un seuil de fréquence donné ; la somme des valeurs indiquées sur une ligne vaut toujours 1.

Fréquence (%)	Taux de croissance					
	[2 ;5[	[5 ;10[	[10 ;50[	[50 ;100[	[100 ;∞[	∞
2	0,267	0,143	0,469	0,107	0,000712	0,0119
3	0,19	0,198	0,475	0,137	0	0
4	0,299	0,307	0,369	0,024	0	0
5	0,291	0,344	0,366	0	0	0
7	0,231	0,515	0,254	0	0	0
10	0,233	0,733	0,0333	0	0	0

TABLE 4.10 – Répartition des fragments moléculaires émergents extraits du jeu d'apprentissage en fonction du seuil de fréquence et du taux de croissance.

Lorsque le seuil de fréquence est supérieur à 4%, il n'y a aucun fragment ayant un taux de croissance supérieur ou égal à 50, de même aucun fragment n'a de taux de croissance supérieur ou égal à 100 lorsque le seuil de fréquence est égal ou supérieur à 2%. Seul le seuil de fréquence de 2% permet d'extraire des fragments ayant un taux de croissance infini. Par la suite, nous donnerons les résultats des mesures pour les seuils de fréquence de 2%, 4% et 10% car chacun de ces paliers produit de nouveaux fragments moléculaires ayant un taux de croissance non observé auparavant : ces paliers amènent ainsi de nouvelles informations sur la toxicité des molécules.

Évaluation des fragments moléculaires émergents à l'extérieur du jeu d'apprentissage

Contexte de l'étude   L'évaluation d'un fragment moléculaire émergent extrait du jeu d'apprentissage sur le jeu de test aboutit obligatoirement à l'une des cinq situations mutuellement exclusives : (i) le fragment est absent du jeu de test, (ii) le fragment maintient sa fréquence et son taux de croissance dans le jeu de test, (iii) le fragment ne maintient ni sa fréquence ni son taux de croissance, (iv) le fragment maintient uniquement son taux de croissance ou (v) le fragment maintient uniquement sa fréquence. Pour plus de simplicité, nous notons f_{min} le seuil de fréquence minimum et ρ le taux de croissance minimum. Pour chaque seuil de fréquence et chaque partition de taux de croissance, nous donnons le pourcentage de fragments émergents de chaque aboutissement.

Analyse des résultats   Les résultats de cette étude sont donnés dans le tableau 4.11 ; la somme des valeurs pour un seuil de fréquence et une partition de taux de croissance vaut 1.

Fréquence	Généralisation	Taux de croissance minimum					
		[2 ;5[	[5 ;10[	[10 ;50[	[50 ;100[	[100 ;∞[	∞
	Absent	0	0	0,000506	0,0153	0	0
2%	Maintient f_{min} et ρ	0,597	0,158	0,109	0	0	1
	Ne maintient ni f_{min} ni ρ	0,256	0,684	0,146	0,0655	1	0
	Maintient uniquement ρ	0,0905	0,0865	0,71	0,686	0	0
	Maintient uniquement f_{min}	0,0559	0,0715	0,0349	0,234	0	0
	Absent	0	0	0	0	-	-
4%	Maintient f_{min} et ρ	0,4	0,0649	0,124	0	-	-
	Ne maintient ni f_{min} ni ρ	0,413	0,721	0,47	0	-	-
	Maintient uniquement ρ	0,113	0,175	0,362	1	-	-
	Maintient uniquement f_{min}	0,0733	0,039	0,0432	0	-	-
	Absent	0	0	0	-	-	-
10%	Maintient f_{min} et ρ	0,357	0	0	-	-	-
	Ne maintient ni f_{min} ni ρ	0,5	0,795	1	-	-	-
	Maintient uniquement ρ	0,0714	0,205	0	-	-	-
	Maintient uniquement f_{min}	0,0714	0	0	-	-	-

TABLE 4.11 – Évaluation des fragments moléculaires émergents à l'extérieur du jeu d'apprentissage en fonction du seuil de fréquence (f_{min}) et du taux de croissance (ρ).

Plus le seuil de fréquence est faible, plus les fragments extraits conservent leur fréquence et leur taux de croissance dans le jeu de test : pour les fragments dont le taux de croissance est situé dans l'intervalle [2 ;5[, cela varie de 35,7% pour un seuil de fréquence de 10% à 59,7% pour un seuil de fréquence de 2%. Le taux de croissance est plus facilement conservé que la fréquence : la valeur de la ligne « maintient uniquement ρ » est toujours supérieure à la valeur correspondante dans la ligne « maintient uniquement f_{min} ». Pour chacun des seuils de fréquence, le « maintient de f_{min} et de ρ » et le « maintient unique de ρ » cumule respectivement 21,1%, 55,95% et 60,9% des fragments émergents extraits pour un seuil de fréquence respectif de 10%, 4% et 2%. Cela témoigne du maintien dans le jeu de test du taux de croissance des fragments émergents extraits. Par la suite, les résultats des mesures seront donnés pour un seuil de fréquence de 2% car c'est le premier seuil pour lequel des fragments émergents ont un taux de croissance infini.

Évaluation des règles d'association à l'extérieur du jeu d'apprentissage

Contexte de l'étude Une règle d'association lie la présence d'un fragment avec une classe de toxicité. Pour évaluer les règles d'association liées aux fragments moléculaires émergents, nous utilisons les trois mesures rappelées au paragraphe 4.4.1. Ces mesures sont réalisées à la fois sur le jeu d'apprentissage et sur le jeu de test : le calcul d'un ratio de la valeur d'une mesure dans le jeu d'apprentissage sur la valeur de cette mesure dans le jeu de test témoigne du respect d'une règle d'un ensemble de molécules à un autre, la valeur idéale étant 1.

Analyse des résultats Toutes les mesures sont données dans le tableau 4.12.

Mesure	Jeu	Taux de croissance minimum					
		[2 ;5[	[5 ;10[	[10 ;50[	[50 ;100[	[100 ;∞[	∞
	Apprentissage	0,00282	0,00404	0,0028	0,00283	0,00208	0,00196
Fréquence	Test	0,00311	0,00316	0,00185	0,00236	0,000924	0,00231
	Ratio	0,991	1,53	2,21	1,44	2,25	0,849
	Apprentissage	0,231	0,418	0,753	0,854	0,947	1
Confiance	Test	0,256	0,355	0,884	0,937	0,667	0,833
	Ratio	0,993	1,42	0,906	0,924	1,42	1,2
	Apprentissage	2,39	4,33	7,78	8,83	9,79	10,3
Amélioration	Test	2,66	3,7	9,2	9,75	6,94	8,67
	Ratio	0,987	1,41	0,9	0,919	1,41	1,19

TABLE 4.12 – Évaluation des règles d'association liées aux fragments moléculaires en fonction du taux de croissance.

- La fréquence moyenne des règles d'associations est très faible : elle atteint au maximum 0,4% dans le jeu d'apprentissage pour un taux de croissance situé dans l'intervalle [5 ;10[. Ce faible taux est en partie expliqué par le déséquilibre des classes dans la base de données : les molécules appartenant à la classe 1 représentent seulement 9% du jeu d'apprentissage. Le faible support moyen des règles signifie que les règles extraites s'appliquent de manière très locale. Notre méthode extrait un ensemble de règles et le faible support d'une règle n'est pas le point majeur, il est en revanche important que l'ensemble des règles couvre correctement l'ensemble de molécules étudié.
- Lorsque le taux de croissance minimum augmente, la confiance moyenne des règles augmente naturellement dans le jeu d'apprentissage : la confiance est de 0,231 pour un taux de croissance situé dans l'intervalle [2 ;5[et de 1 pour un taux de croissance infini. Le maintien de la confiance sur le jeu de test est très bonne puisque le ratio

de la confiance d'une règle dans le jeu de d'apprentissage sur la confiance de cette règle dans le jeu de test est proche de 1 : ce ratio ne descend pas en dessous de 0,906 et ne dépasse pas 1,42. Cela témoigne de la qualité des règles d'association ayant un très fort taux de croissance. De plus, les connaissances extraites apparaissent donc comme très solides, possédant un fort pouvoir de généralisation.

– Lorsque le taux de croissance augmente, l'amélioration d'une règle d'association augmente : dans le jeu d'apprentissage l'amélioration est de 2,39 pour un taux de croissance situé dans l'intervalle [2 ;5[et de 10,3 pour un taux de croissance infini. C'est un argument supplémentaire quant à la qualité des règles d'association ayant un très fort taux de croissance. Comme pour la confiance, le maintien de l'amélioration d'une règle dans le jeu de test est très bon puisque le ratio de l'amélioration d'une règle dans le jeu d'apprentissage sur l'amélioration de cette règle dans le jeu de test est proche de 1 : ce ratio excède toujours 0,9 et ne dépasse pas 1,41.

La qualité de ces résultats signifie que les phénomènes appris sur le jeu d'apprentissage se maintiennent bien à l'extérieur.

Conclusion sur la généralisation des fragments moléculaires émergents

L'ensemble de ces résultats témoigne du maintien du taux de croissance et donc de la bonne généralisation des fragments émergents extraits.

Afin d'extraire des fragments moléculaires fiables pour prédire une classe, il est primordial d'extraire des règles d'association de grande confiance et de grande amélioration. L'extraction de fragments moléculaires émergents de qualité résulte d'un compromis entre l'utilisation d'une basse fréquence, permettant d'extraire des fragments de plus en plus nombreux et de plus en plus émergents, et l'utilisation d'un taux de croissance élevé permettant de disposer de règles d'association de meilleure qualité. L'utilisation d'une trop basse fréquence permet l'extraction de fragments dont le taux de croissance est spécifique au jeu d'apprentissage, il risque de ne pas se reproduire à l'extérieur de ce jeu. L'utilisation d'un taux de croissance trop élevé réduit trop fortement le nombre de règles d'association et diminue ainsi le nombre de molécules concernées par ces règles.

Par la suite nous continuons de donner les résultats de nos expériences pour un seuil de 2% et pour différents taux de croissance : nous n'avons aucun argument pour spécifier le taux de croissance minimum à utiliser et nous portons un intérêt particulier sur son influence dans le processus de prédiction.

4.4.3   Classification fondée sur les règles d'association

Cette expérience se focalise sur l'utilisation de l'*ensemble des règles d'association* correspondant aux fragments émergents extraits du jeu d'apprentissage pour construire un classifieur. L'objectif est ici de montrer que les molécules toxiques partagent des fragments moléculaires communs qui ne se retrouvent pas dans les molécules non toxiques.

Le déséquilibre entre le nombre de molécules par classe dans la base $B_{RTECS}^{10\ 830}$ pose un problème d'évaluation globale du classifieur : il suffit de très bien prédire les molécules de la classe 2 pour avoir un score global très bon, même si les molécules les plus toxiques ne sont pas bien prédites. En toxicologie, l'importance est mise sur la prédiction des molécules très toxiques : nous porterons une attention particulière sur la prédiction des molécules de la classe 1. Au cours de cette expérience, nous proposons (i) un classifieur pour prédire les molécules très toxiques et (ii) un classifieur permettant de mieux séparer les molécules moins toxiques, compte tenu du déséquilibre entre le nombre de molécules par classe dans la base $B_{RTECS}^{10\ 830}$.

Prédiction des molécules très toxiques

Contexte de l'étude Nous nommons Tox_{1va} le classifieur qui prédit les moélcules très toxiques. Pour la construction de ce classifieur, nous considérons les molécules de classe 1 (classe la plus toxique) comme étant l'ensemble positif et les molécules des classes 2 et 3 comme étant l'ensemble négatif. Dans ce contexte, les fragments moléculaires émergents extraits sont caractéristiques de la classe 1. Tox_{1va} utilise les règles d'association correspondant à ces fragments et prédit uniquement si une molécule est de classe 1. Pour cela, il s'appuie sur la règle de décision suivante : *si un fragment moléculaire extrait est contenu dans la structure d'une molécule, alors cette molécule est prédite de classe 1*. Les performances de ce classifieur sont liées au taux de couverture des fragments moléculaires émergents extraits : un bon classifieur doit être associé à un ensemble de fragments émergents couvrant au maximum les molécules de classe 1 et au minimum les molécules des classes 2 et 3. Dans ce contexte, le taux de couverture des molécules de classe 1 est considéré comme un taux de succès et le taux de couverture des molécules des classes 2 et 3 est considéré comme un taux d'échec. Par exemple si le classifieur couvre 75% des molécules de classe 1, 25% des molécules de classe 2 et 5% des molécules de classe 3 alors 75% des molécules de classe 1 sont bien prédites, 25% des molécules de classe 2 et 5% des molécules de classe 3 sont mal prédites. Nous mesurons le taux de couverture de l'ensemble de fragments émergents associé au classifieur Tox_{1va} sur les molécules du jeu d'apprentissage et du jeu de test.

Analyse des résultats Le tableau 4.13 donne les résultats du classifieur Tox_{1va}.

Le rapport du taux de couverture des molécules de classe 1 sur le taux de couverture des molécules de classe 2 est un indicateur du succès du classifieur : sur le jeu de test, cet indicateur vaut respectivement 1,29 ; 2,59 ; 4,27 ; 22,9 et 27,6 pour un taux de croissance minimum respectif de 2, 5, 10, 50 et 100. Les fragments émergents extraits avec un taux de croissance minimum de 2 produisent un classifieur qui détecte 1,29 fois mieux les molécules de classe 1 que celles de classe 2. Les fragments émergents extraits avec un taux de croissance minimum de 100 produisent un classifieur qui détecte 27,6 fois mieux les molécules de classe 1 que celles de classe 2. Lorsque le taux de croissance minimum est fixé

Jeu	Couverture	Taux de croissance minimum					
		2	5	10	50	100	∞
Apprentissage	Classe 1	0,915	0,771	0,619	0,196	0,0442	0,0203
	Classe 2	0,688	0,285	0,114	0,00474	0,000153	0
	Classe 3	0,685	0,283	0,0997	0	0	0
Test	Classe 1	0,918	0,779	0,534	0,154	0,0337	0,024
	Classe 2	0,707	0,3	0,125	0,00672	0,00122	0,000611
	Classe 3	0,669	0,284	0,0844	0	0	0

TABLE 4.13 – Taux de couverture du classifieur Tox_{1va} qui prédit les molécules très toxiques.

à 50, la couverture des molécules chute : elle passe de 53,4% à 15,4% pour les molécules de classe 1 : cela s'explique par la faible quantité de fragments moléculaires émergents extraits lorsque le taux de croissance minimum est fixé à 50. Nous constatons également que les résultats obtenus sur le jeu d'apprentissage et sur le jeu de test sont pratiquement identiques : sur le jeu d'apprentissage, la couverture des molécules de classe 1, 2 et 3 est respectivement de 91,5%, 68,8% et 68,5% pour un taux de croissance minimum de 2 et respectivement de 2,03%, 0% et 0% pour un taux de croissance infini. Ceci témoigne une nouvelle fois de la bonne généralisation des phénomènes appris dans un autre jeu de molécules.

Ces résultats montrent également une très forte corrélation entre la couverture des molécules de classe 2 et celle des molécules de classe 3. De part le contexte de cette expérience (l'ensemble négatif regroupe les molécules de classe 2 et 3) et le déséquilibre de la base de données (75% des molécules sont de classe 2), les molécules de classe 3 sont noyées dans les molécules de classe 2 : cela induit un classifieur qui n'apprend pas à distinguer de fragments moléculaires se trouvant peu dans les molécules de classe 3. Nous proposons maintenant un classifieur permettant de mieux séparer les molécules moins toxiques.

Meilleure séparation des molécules moins toxiques

Contexte de l'étude Nous nommons Tox_{1v1} le classifieur qui sépare mieux les molécules moins toxiques. Pour construire ce classifieur, nous réalisons deux extractions de fragments moléculaires : (i) la première considère les molécules de classe 1 comme l'ensemble positif et les molécules de classe 2 comme l'ensemble négatif et (ii) la deuxième considère les molécules de classe 1 comme l'ensemble positif et les molécules de classe 3 comme l'ensemble négatif. Dans ce contexte, deux ensembles de règles d'association sont obtenus. Tox_{1v1} utilise la règle de décision suivante : *une molécule est prédite de classe 1 si elle contient un fragment résultant de la première extraction et un fragment résultant de la seconde extraction.* Comme pour le classifieur Tox_{1va}, les performances de Tox_{1v1} sont données par le taux de couverture de l'ensemble de fragments émergents qui lui est associé sur les molécules du jeu d'apprentissage et du jeu de test.

Analyse des résultats Les mêmes mesures que pour l'expérimentation précédente sont utilisées et sont données dans le tableau 4.14.

Jeu	Couverture	Taux de croissance minimum					
		2	**5**	**10**	**50**	**100**	**∞**
Apprentissage	Classe 1	0,912	0,745	0,588	0,169	0,0442	0,0203
	Classe 2	0,654	0,254	0,0987	0,00275	0,000153	0
	Classe 3	0,569	0,247	0,0693	0	0	0
Test	Classe 1	0,913	0,731	0,49	0,125	0,0337	0,024
	Classe 2	0,669	0,27	0,107	0,0055	0,00122	0,000611
	Classe 3	0,531	0,263	0,0563	0	0	0

TABLE 4.14 – Taux de couverture du classifieur Tox_{1v1} qui sépare mieux les classes moins toxiques.

Le comportement du classifieur Tox_{1v1} obtenu est similaire à celui de la première expérience. Cependant une meilleure différenciation est réalisée entre les molécules de classe 2 et les molécules de classe 3 : sur le jeu de test et pour un taux de croissance minimum de 2, les taux de couverture des molécules de classe 1, 2 et 3 était respectivement de 91,8%, 70,7% et 66,9% tandis que maintenant ils sont respectivement de 91,3%, 66,9% et 53,1%. La couverture des molécules de classe 3 a perdu plus de 10% sans pour autant faire chuter les taux de couverture des molécules des autres classes. Lorsque le taux de croissance augmente, cette séparation s'estompe : sur le jeu de test et pour un taux de croissance minimum de 10 la couverture des molécules de classe 1, 2 et 3 était de 53,4%, 12,5% et 8,4% tandis que maintenant elles sont respectivement de 49%, 10,7% et 5,6%. On constate que les 3% perdus sur la couverture des molécules de classe 3 sont également perdus sur la couverture des molécules de classe 2 et de classe 3.

Conclusion sur la classification fondée sur les règles d'association

Les résultats de ces expériences montrent que les molécules ayant une forte toxicité contiennent dans leur structure des fragments moléculaires liés à cette haute toxicité. Même si ces fragments se retrouvent beaucoup moins dans les molécules de toxicité plus faible, le classifieur induit possède un taux d'échec encore trop élevé pour être utilisé tel quel. Nous déduisons de ces résultats qu'utiliser les classes légales de toxicité ne permet pas d'avoir assez de caractérisation du phénomène de la toxicité pour être capable d'isoler avec certitude les molécules de fortes toxicité avec les fragments émergents. Dans le paragraphe suivant, nous proposons une méthode afin d'extraire de nouvelles caractérisations avec des fragments émergents.

4.4.4   Caractérisations du phénomène de la toxicité indépendantes des classes

Afin d'obtenir des caractérisations plus précises du phénomène de la toxicité, nous proposons d'utiliser la mesure de DL_{50} des molécules plutôt que leur classe. L'objectif est de détecter des fragments moléculaires spécifiques à une valeur de DL_{50} : ces fragments ne sont pas contenus par des molécules ayant une toxicité plus faible (donc une valeur de DL_{50} plus grande) et deviennent ainsi des indicateurs de niveau de toxicité. Pour atteindre cet objectif, nous proposons une nouvelle méthode d'extraction des fragments moléculaires émergents, cette méthode est appelée la *méthode de la fenêtre glissante*. Elle est utilisée sur une base de molécules triées par ordre croissant de toxicité (donc par valeur de DL_{50} décroissante). L'expérience proposée ici permet d'évaluer l'apport de cette méthode dans un contexte de prédiction en toxicologie. Pour cela, (i) nous présentons la *méthode de la fenêtre glissante*, (ii) nous montrons son utilité pour détecter des fragments moléculaires apparaissant uniquement à certains niveaux de toxicité et (iii) nous construisons un classifieur utilisant les fragments extraits par cette méthode.

Méthode de la fenêtre glissante

Description de la méthode   La méthode d'extraction que nous appelons ici *la méthode de la fenêtre glissante* correspond à une suite d'extractions. Pour chaque extraction, l'ensemble des molécules prises en compte va augmenter en incorporant des molécules plus toxiques que celles considérées lors des extractions précédentes ; la dernière extraction prendra en compte l'ensemble du jeu d'apprentissage. Pour chaque extraction : (i) l'ensemble des molécules constituant l'ensemble positif est réalisé par les molécules les plus toxiques parmi les molécules prises en compte, (ii) toutes les molécules situées avant l'ensemble positif (donc moins toxiques) définissent l'ensemble négatif de molécules et (iii) les fragments moléculaires émergents de l'ensemble négatif vers l'ensemble positif sont extraits. Il est possible que deux extractions produisent le même fragment moléculaire : comme nous estimons qu'un fragment est responsable au minimum du niveau de toxicité de la molécule dans lequel il se trouve, ce fragment est associé à l'ensemble positif de molécules l'ayant extrait en premier. De cette façon nous associons chaque ensemble de fragments moléculaires sur un niveau unique de toxicité. La figure 4.2 illustre le fonctionnement de la méthode de la fenêtre glissante.

Paramétrage de la méthode   Cette méthode repose sur trois paramètres : (i) s_0 représente le taux de molécules du jeu d'apprentissage considérées comme négatives lors de la première extraction, (ii) l représente le taux de molécules du jeu d'apprentissage constituant l'ensemble positif et (iii) n représente le taux de molécules du jeu d'apprentissage renouvelées dans l'ensemble positif à chaque extraction. Pour cette expérimentation, nous fixons ces trois paramètres de la façon suivante :

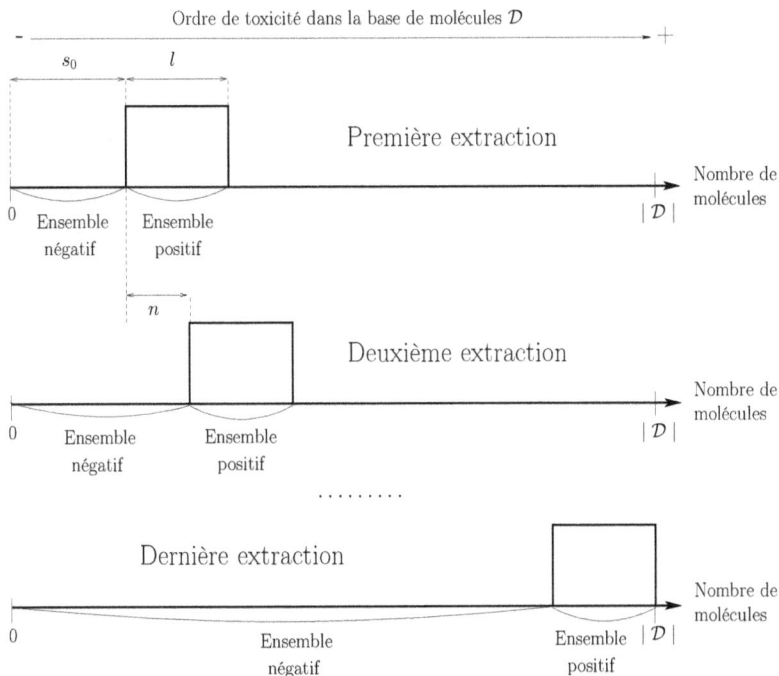

FIGURE 4.2 – Fonctionnement de la méthode de la fenêtre glissante.

s_0 : nous considérons l'ensemble des molécules de classe 3 comme étant dans l'ensemble négatif pour l'initialisation de la fenêtre : comme il y a 1 284 molécules de classe 3 dans les 8 666 molécules du jeu d'apprentissage d'une itération de validation croisée, cela fixe s_0 à 14,81%.

l : il y a 838 molécule de classe 1 dans une itération de validation croisée, ceci représente presque 10% des molécules : afin d'avoir une meilleure caractérisation des molécules de classe 1 nous proposons de fixer l à 5%, cela représente 434 molécules.

n : de façon à ce qu'il y ait au moins deux extractions dans la classe des molécules très toxiques, nous fixons n à 2%, cela représente 174 molécules.

Avec 838 molécules de classe 1 dans une itération de validation croisée et un seuil de fréquence de 2%, les ensembles de fragments moléculaires émergents associés aux classifieurs Tox_{1va} et Tox_{1v1} contiennent des fragments ayant un support d'au moins 17 molécules. Pour obtenir des fragments ayant le même support dans cette expérience, la méthode de la fenêtre glissante est utilisée avec un seuil de fréquence minimum de 4%.

Détection de points de ruptures structurelles

Contexte de l'étude   Nous réalisons maintenant une étude sur la détection de *points de ruptures strcuturelles* au sein de la base de molécules : certains fragments sont rares dans les molécules de faible toxicité et apparaissent fréquemment au dessus d'un niveau de toxicité seuil, ces seuils ne correspondent pas aux seuils des classes. Pour cela, nous utilisons la méthode de la fenêtre glissante avec un taux de croissance infini : cela assure de ne pas avoir de redondance dans les fragments extraits (sauf lorsqu'il y a un chevauchement entre les ensembles positifs de deux extractions). L'objectif de cette étude est d'observer si les molécules de même toxicité partagent une similarité structurelle qui ne se retrouvent pas dans les molécules moins toxiques.

Analyse des résultats   La figure 4.3 donne le nombre de fragments moléculaires émergents extraits en fonction du nombre de molécules considérées par la méthode de la fenêtre glissante en moyenne sur les cinq itérations de validation croisée pour un taux de croissance infini.

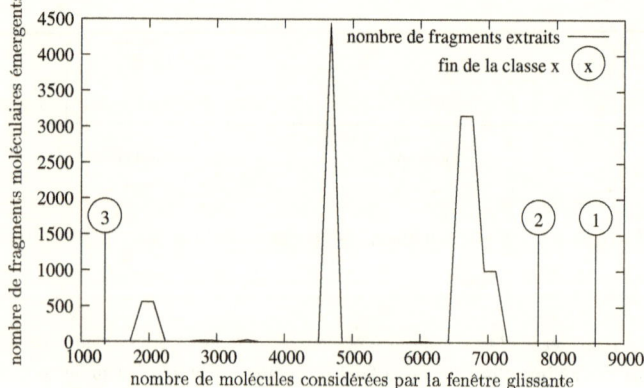

FIGURE 4.3 – Nombre de fragments moléculaires extraits en fonction du nombre de molécules considérées par la méthode de la fenêtre glissante.

La courbe représente l'évolution du nombre de fragments moléculaires extraits en fonction du nombre de molécules considérées par la méthode de la fenêtre glissante. Nous indiquons également la limite des classes (p.e. la classe 3 est composée en moyenne de 1283,2 molécules). On observe trois pics majeurs d'extraction de fragments moléculaires (dépassant 500 fragments extraits). Le premier pic se situe aux alentours de 1 900 molécules (soit une valeur de $DL_{50} \simeq 3\ 700$ mg/kg) : plus de 500 fragments moléculaires émergents jamais rencontrés auparavant sont extraits. Le deuxième pic se situe aux alentours de 4 700 molécules (soit une valeur de $DL_{50} \simeq 950$ mg/kg) : presque 4 500 fragments moléculaires émergents jamais rencontrés auparavant sont extraits. Le troisième pic se situe aux alentours de 6 800 molécules (soit une valeur de $DL_{50} \simeq 200$ mg/kg) : plus de 3 000 fragments moléculaires émergents jamais rencontrés auparavant sont extraits. Ces résultats montrent : (i) une similarité dans la structure des molécules de même niveau de toxicité et (ii) l'apparition de nouveaux fragments moléculaires lorsque le niveau de toxicité augmente. Ceci corrobore l'idée que le niveau de toxicité des molécules est influencée par la présence de certains fragments toxicophores et qu'il existe une relation entre la présence d'un fragment dans la structure d'une molécule et le niveau de toxicité de celle-ci.

Classification fondée sur les fragments extraits par la méthode de la fenêtre glissante

Méthode de classification Nous nommons Tox_{dyn} le classifieur associé aux ensembles de fragments moléculaires émergents extraits par la méthode de la fenêtre glissante. Lorsqu'une molécule doit être prédite, Tox_{dyn} utilise la règle de décision suivante : *Lorsqu'une molécule possède dans sa structure un fragment associé à une extraction, alors la valeur de toxicité de cette molécule est prédite par la valeur de toxicité de la molécule la moins toxique de l'ensemble positif associé à cette extraction.* Comme la méthode de la fenêtre glissante extrait plusieurs ensembles de fragments moléculaires émergents, il faut définir un ordre d'utilisation de ces ensembles pour Tox_{dyn}. Nous formulons l'hypothèse qu'une molécule test est très toxique : nous cherchons donc à démontrer sa haute toxicité. Pour cela, Tox_{dyn} essaie d'abord d'identifier un fragment lié à des molécules très toxiques dans la molécule test, tant qu'il n'y arrive pas il essaie avec des fragments liés à des molécules de moins en moins toxiques.

Contexte de l'étude La particularité du classifieur Tox_{dyn} est d'être capable de prédire à la fois la classe 1 (très toxique) et la classe 2 (toxique). Nous donnons les mesures suivantes pour évaluer les performances de ce classifieur : (i) le taux de couverture, (ii) le taux de succès des prédictions, (iii) la précision du classifieur, (iv) le rappel du classifeur et (v) la f-mesure du classifieur. Chaque mesure est donnée pour chacune des classes de toxicité : cl1 pour classe 1, cl2 pour classe 2 et cl3 pour classe 3. Dans le paragraphe 4.4.2, nous avons vu qu'utiliser un taux de croissance supérieur à 10 ne permettait pas d'extraire beaucoup de fragments. Nous avons également vu que cela se répercutait sur les performances de classification dans le paragraphe 4.4.3. Pour cette raison, nous donnons maintenant les résultats de classification uniquement pour les taux de croissance minimum de 2, 5 et 10. Nous donnons également les résultats pour un taux de croissance infini car ce type de fragments a une grande utilité en prédiction de toxicité (voir la section 4.3).

Analyse des résultats Le tableau 4.15 présente les résultats de classification obtenu avec le classifieur Tox_{dyn}.

D'une manière générale, lorsque le taux de croissance augmente, la précision d'un classifieur augmente et son rappel diminue : cela témoigne du gain d'efficacité du classi-

Jeu	Mesure	Taux de croissance minimum											
		2			5			10			∞		
		cl 1	cl 2	cl 3	cl 1	cl 2	cl 3	cl 1	cl 2	cl 3	cl 1	cl 2	cl 3
Apprentissage	Couverture	0,983	0,958	0,88	0,845	0,72	0,615	0,74	0,527	0,401	0	0,0738	0
	Succès	0,799	0,598	-	0,722	0,752	-	0,684	0,862	-	-	1	-
	Précision	0,176	0,836	-	0,271	0,82	-	0,448	0,818	-	-	1	-
	Rappel	0,785	0,573	-	0,61	0,542	-	0,506	0,454	-	-	0,0738	-
	F-mesure	0,288	0,68	-	0,375	0,652	-	0,475	0,584	-	-	0,137	-
Test	Couverture	0,986	0,961	0,903	0,87	0,724	0,603	0,75	0,538	0,384	0,0144	0,0782	0
	Succès	0,722	0,592	-	0,663	0,756	-	0,577	0,885	-	0	1	-
	Précision	0,159	0,821	-	0,261	0,815	-	0,446	0,814	-	-	0,977	-
	Rappel	0,712	0,568	-	0,577	0,548	-	0,433	0,476	-	-	0,0782	-
	F-mesure	0,259	0,672	-	0,359	0,655	-	0,439	0,601	-	-	0,145	-

TABLE 4.15 – Résultats du classifieur Tox_{dyn} associé à la méthode de la fenêtre glissante.

fieur, les molécules couvertes sont de mieux en mieux prédites. La précision maximale est obtenue avec l'utilisation de fragments ayant un taux de croissance infini. Le comportement en terme de couverture et de succès de classification est similaire aux classifieurs Tox_{1va} et Tox_{1v1}. Trois points sont à retenir de l'analyse de ces résultats :

– Le taux de couverture des molécules de classe 1 est meilleur qu'avec le classifieur Tox_{1va} : sur le jeu de test le taux de couverture obtenu avec Tox_{dyn} est respectivement de 98,6%, 87% et 75% pour un taux de croissance minimum respectif de 2, 5 et 10 tandis qu'avec Tox_{1va} il est respectivement de 91,8%, 77,9% et 53,4% pour les mêmes taux de croissance. Avec le classifieur Tox_{1va}, le taux de couverture correspond au taux de succès. Les résultats affichés sur le tableau 4.15 donnent le taux de succès de Tox_{dyn} pour les molécules de classe 1 couvertes : sur le jeu de test, le calcul du taux de succès global (y compris les molécules non couvertes) des molécules de classe 1 donne respectivement 71,1%, 57,6% et 43,2% pour un taux de croissance respectif de 2, 5 et 10. Nous relativisons les bons résultats du classifieur Tox_{1va} par le fait qu'il prédit pratiquement toutes les molécules en classe 1. La valeur de f-mesure traduit cette analyse : la f-mesure maximale de Tox_{1va} sur le jeu de test est de 0,404. Bien que les taux soient plus faibles avec le classifieur Tox_{dyn}, la f-mesure obtenue pour les molécules de classe 1 sur le jeu de test est de 0,439 : les performances de ces deux classifieurs, en terme de f-mesure, sur les molécules de classe 1 sont équivalentes.

– Le classifieur associé à la méthode de la fenêtre glissante permet également de prédire les molécules de classe 2. Lorsque le taux de couverture diminue, le taux de succès augmente : cela signifie que lorsque le taux de croissance augmente, le classifieur apprend uniquement des molécules de la classe 2. Sur le jeu de test, le calcul du taux de succès global des molécules de classe 2 (y compris les molécules non couvertes) donne respectivement 56,8%, 54,7% et 47,1%. Ce faible taux est expliqué par la règle de décision. Comme on teste d'abord si une molécule est très toxique (classe 1) et ensuite si elle est toxique (classe 2), les molécules de classe 2 sont détectées comme très toxiques : cela traduit la présence de fragments moléculaires communs entre les molécules de classe 1 et les molécules de classe 2. Sur le jeu de test, la précision du classifieur sur les molécules de classe 2 est respectivement de 82,1%, 81,5% et 81,4% pour un taux de croissance respectif de 2, 5 et 10 : cela signifie que la classe 2 est rarement prédite à mauvais escient, les 20% d'erreur correspondent aux molécules de classe 3 qui sont prédites en classe 2.

– La corrélation entre les résultats obtenus sur le jeu d'apprentissage et les résultats obtenus sur le jeu de test témoignent du maintien des nouvelles caractérisations à l'extérieur du jeu où elles sont extraites.

Le classifieur associé à la méthode de la fenêtre glissante, qui se fonde sur la valeur réelle de toxicité des molécules, est une alternative intéressante au classifieur travaillant avec des classes de toxicité : (i) elle obtient des performances égales de classification des molécules très toxiques, (ii) elle permet de réaliser une classification multi-classes et (iii) elle augmente nettement le taux de couverture des molécules par l'apport de nouvelles caractérisations ciblées sur des valeurs précises de toxicité.

Collaboration des classifieurs Tox_{1va}, Tox_{1v1} **et** Tox_{dyn}

Contexte de l'étude Dans l'optique de prédire au mieux les molécules très toxiques, nous allons faire collaborer les trois classifieurs présentés auparavant : (i) le classifieur Tox_{1va} qui prédit les molécules très toxiques (paragraphe 4.4.3, page 121), (ii) le classifieur Tox_{1v1} qui sépare mieux les classes moins toxiques (paragraphe 4.4.3, page 122) et (iii) le classifieur Tox_{dyn} associé à la méthode de la fenêtre glissante (paragraphe 4.4.4, page 127). Chaque classifieur à la possibilité d'attribuer une classe à une molécule test par l'intermédiaire d'une règle d'association. Lorsque les classifieurs n'attribuent pas la même classe à une molécule test, on compare les taux de croissance associés aux fragments à l'origine de la règle d'association (et donc responsables de la décision) et on choisit la décision effectuée en se basant sur le fragment ayant le taux de croissance le plus important. Le classifieur résultant de cette collaboration est appelé Tox_{col}. L'utilisation du taux de croissance le plus élevé pour décider de la classe à attribuer repose sur le fait que plus un fragment est émergent plus la confiance de la règle correspondante dans l'ensemble négatif est faible : le classifieur a donc moins de chance de se tromper (cette remarque est expliquée dans le paragraphe 2.4.1 du chapitre 2).

Analyse des résultats Le tableau 4.16 donne les résultats de la collaboration entre Tox_{1va}, Tox_{1v1} et Tox_{dyn}.

La collaboration des trois classifieurs a un comportement similaire au classifieur issu de la méthode utilisant la fenêtre glissante. Nous expliquons cela par le fait que (i) il y a plus de fragments moléculaires extraits avec la fenêtre glissante et (ii) les fragments moléculaires extraits avec la fenêtre glissante ont un taux de croissance en moyenne plus grand que ceux des deux autres classifieurs. Le taux de succès du classifieur Tox_{col} sur les molécules de classe 1 couvertes est meilleur : sur le jeu de test, le gain de couverture

Jeu	Mesure	Taux de croissance minimum											
		2			5			10			∞		
		cl 1	cl 2	cl 3	cl 1	cl 2	cl 3	cl 1	cl 2	cl 3	cl 1	cl 2	cl 3
Apprentissage	Couverture	0,984	0,961	0,899	0,894	0,742	0,65	0,777	0,541	0,433	0,0274	0,0738	0
	Succès	0,828	0,549	-	0,753	0,707	-	0,728	0,822	-	1	1	-
	Précision	0,164	0,84	-	0,248	0,824	-	0,393	0,822	-	1	1	-
	Rappel	0,815	0,528	-	0,673	0,525	-	0,566	0,445	-	0,0203	0,0738	-
	F-mesure	0,274	0,648	-	0,362	0,641	-	0,464	0,577	-	0,0398	0,137	-
Test	Couverture	0,986	0,965	0,909	0,913	0,748	0,65	0,784	0,556	0,409	0,0385	0,0789	0
	Succès	0,761	0,544	-	0,684	0,703	-	0,62	0,833	-	0,625	0,992	-
	Précision	0,151	0,823	-	0,229	0,815	-	0,367	0,816	-	0,833	0,977	-
	Rappel	0,75	0,524	-	0,625	0,526	-	0,486	0,463	-	0,024	0,0782	-
	F-mesure	0,252	0,641	-	0,335	0,639	-	0,418	0,59	-	0,0467	0,145	-

TABLE 4.16 – Résultats de la collaboration entre le classifieur Tox_{1va} qui prédit la classe toxique, le classifieur Tox_{1v1} qui rééquilibre les classes moins toxiques et le classifieur Tox_{dyn} associé à la méthode de la fenêtre glissante.

est respectivement de 3,9%, 2,1% et 4,3% pour un taux de croissance minimum respectif de 2, 5 et 10. Le taux de succès global des molécules de classe 1 est amélioré puisqu'il est respectivement de 75%, 62% et 48% pour un taux de croissance minimum respectif de 2, 5 et 10. Ces résultats montrent que le classifieur résultant de la collaboration a gagné en efficacité pour la classification des molécules très toxiques. La couverture de l'ensemble des molécules est légèrement amélioré. Les performances sur les molécules de classe 2 du classifieur Tox_{col} sont équivalentes au classifieur Tox_{dyn} : sur le jeu de test, la meilleure f-mesure de Tox_{col} est de 0.641 alors qu'elle est de 0.672 pour Tox_{dyn}. Ces résultats témoignent de la complémentarité des fragments extraits par chaque classifieur et montrent que l'injection de fragments spécifiques à la classe des molécules très toxiques dans le classifieur associé à la méthode de la fenêtre glissante permet de mieux détecter les molécules très toxiques sans altérer les performances du classifieur sur les molécules moins toxiques.

4.4.5   Utilisation des motifs de fragments moléculaires émergents

Si les fragments moléculaires émergents expliquent une partie de la toxicité des molécules, les résultats de classification ont montré certaines limites à leur utilisation :
- Les fragments moléculaires émergents caractéristiques d'une classe de toxicité sont trop présents dans les molécules de toxicité plus faible.
- Lorsque le taux de croissance augmente, trop peu de fragments sont extraits pour pouvoir construire un classifieur performant en terme de couverture des molécules.

Nous formulons ici l'hypothèse que la présence d'un fragment moléculaire est un début d'indication sur la toxicité d'une molécule et que les phénomènes très toxiques résultent de la collaboration de plusieurs fragments. C'est la raison pour laquelle nous allons maintenant extraire des motifs émergents de fragments moléculaires, c'est à dire mettre en relation plusieurs fragments pour prédire la toxicité.

Contexte de l'étude Pour cette étude, les classifieurs Tox_{1va}, Tox_{1v1} et Tox_{dyn} extraient maintenant les motifs émergents de fragments moléculaires. Le classifieur Tox_{col} résultant de la collaboration utilise donc les motifs émergents de fragments moléculaires pour prédire la toxicité des molécules. L'objectif de l'étude est d'observer si l'utilisation de conjonctions émergentes de fragments moléculaires permet de mieux détecter les phénomènes très toxiques.

Analyse des résultats Le tableaux 4.17 donne les résultats du classifieur Tox_{col} utilisant les motifs émergents de fragments moléculaires.

Jeu	Mesure	Taux de croissance minimum											
		2			5			10			∞		
		cl 1	cl 2	cl 3	cl 1	cl 2	cl 3	cl 1	cl 2	cl 3	cl 1	cl 2	cl 3
Apprentissage	Couverture	0,988	0,978	0,965	0,924	0,831	0,74	0,864	0,69	0,567	0,118	0	0
	Succès	0,963	0,106	-	0,939	0,354	-	0,892	0,619	-	1	0	-
	Précision	0,105	0,756	-	0,149	0,848	-	0,245	0,84	-	1	-	-
	Rappel	0,951	0,103	-	0,868	0,294	-	0,771	0,428	-	0,118	-	-
	F-mesure	0,19	0,182	-	0,254	0,437	-	0,372	0,567	-	0,211	-	-
Test	Couverture	0,986	0,98	0,963	0,942	0,828	0,706	0,88	0,681	0,575	0,0865	0,00244	0
	Succès	0,956	0,0967	-	0,918	0,332	-	0,847	0,597	-	1	0	-
	Précision	0,103	0,728	-	0,145	0,839	-	0,228	0,831	-	0,818	-	-
	Rappel	0,942	0,0947	-	0,865	0,274	-	0,745	0,406	-	0,0865	-	-
	F-mesure	0,186	0,168	-	0,248	0,414	-	0,349	0,546	-	0,157	-	-

TABLE 4.17 – Résultats de la collaboration entre le classifieur qui prédit les molécules toxiques, le classifieur qui rééquilibre les classes moins toxiques et le classifieur associé à la méthode de la fenêtre glissante ; avec des motifs de fragments moléculaires.

Puisque les fragments émergents constituent un sous-ensemble des motifs émergents de fragments moléculaires, le taux de couverture est supérieur lorsque le classifieur utilise les motifs émergents de fragments moléculaires : sur le jeu de test, le gain de couverture sur les molécules de classes 1, 2 et 3 est respectivement de 0%, 1,5% et 6,3% pour un taux de croissance minimum de 2, respectivement de 2,9%, 8% et 5,6% pour un taux de croissance minimum de 5 et respectivement de 9,6%, 12,5% et 16,6% pour un taux de croissance minimum de 10. Le taux de succès des molécules de classe 1 est également amélioré : sur le jeu de test, le gain sur le taux de succès des molécules de classe 1 est respectivement de 19,5%, 23,4% et 22,7% pour un taux de croissance minimum respectif de 2, 5 et 10. Beaucoup de molécules de classe 2 sont maintenant prédites en classe 1 : cela provient du fait que les motifs émergents de fragments moléculaires extraits par le classifieur prédisant les molécules très toxiques (Tox_{1va}) sont beaucoup plus émergents que les motifs émergents de fragments moléculaires extraits par la méthode de la fenêtre glissante. Les motifs émergents de fragments moléculaires capturent mieux les phénomènes de forte toxicité.

4.4.6   Conclusion

Dans cette étude expérimentale, nous avons montré que l'utilisation de fragments moléculaires émergents permettait d'expliquer une partie de la toxicité des molécules. Les fragments moléculaires émergents se conservent généralement d'un ensemble de molécules à un autre montrant ainsi la généralité des fragments mis en évidence. L'influence toxique de ces fragments est vérifiée par les taux respectables de succès des classifieurs mais ne parvient pas à capturer intégralement les phénomènes très toxiques. L'utilisation des motifs émergents de fragments moléculaires représentent mieux les phénomènes très toxiques : la forte toxicité d'une molécule semble parfois être reliée à la présence d'une conjonction de fragments connexes.

4.5   Conclusion

Dans ce chapitre, nous avons appliqué l'extraction des motifs émergents de fragments moléculaires à des processus de prédiction en (éco)toxicologie. Ces motifs marquent un contraste entre un ensemble de molécules toxiques et un ensemble de molécules non toxiques et se retrouvent généralement à l'extérieur du jeu desquels ils sont extraits. Ils ont l'avantage d'être extraits automatiquement (i.e. sans connaissances humaines). Les motifs de fragments moléculaires, qui sont des conjonctions de fragments moléculaires, ont montré leur utilité pour représenter des toxicophores agissant à différents endroits dans la structure d'une molécule. L'utilisation du taux de croissance d'un motif permet de quantifier la confiance de leur implication dans des phénomènes toxiques, à l'image des structures d'alerte utilisées par les systèmes experts en chémoinformatique.

Les motifs de fragments moléculaires émergents sont complémentaires à l'utilisation d'un modèle QSAR. Les modèles QSAR généraux sont adaptés aux molécules avec un mode d'action (MOA) non spécifique et permettent d'extraire les premières informations concernant la toxicité basique de celles-ci. Les motifs de fragments moléculaires émergents donnent plus d'informations sur la possibilité d'avoir un MOA particulier associé à une conjonction de fragments spécifique.

L'hypothèse toxicophore (i.e. la présence de fragments dans la structure d'une molécule régie complètement sa toxicité) est limitée par la non prise en compte de la présence d'inhibiteurs au sein de la structure des molécules. Un inhibiteur est un motif de fragments moléculaires qui limite l'action d'un toxicophore. La règle de prédiction de toxicité n'est plus : *si une molécule a un toxicophore alors elle est toxique*, mais : *si une molécule a un toxicophore et pas d'inhibiteurs alors elle est toxique*. L'extraction automatique d'inhibiteurs consiste à appliquer une méthode d'extraction de motifs de fragments moléculaires sur l'ensemble des molécules ayant été classées toxiques (parce qu'elles contiennent un toxicophore) et étant en fait non toxiques.

Bilan et perspectives

Dans ce travail, nous nous sommes attachés à proposer des contributions nouvelles en fouille de graphes visant à caractériser les contrastes entre classes et à représenter sous forme synthétique l'information extraite afin que celle-ci soit plus facilement exploitable. Le contexte applicatif, tel que la découverte de toxicophores, a été un aiguillon important pour susciter des questions de nature plus méthodologiques. Nous pensons que ce travail, situé à la croisée de la fouille de données et de la chémoinformatique, a conduit à un enrichissement mutuel entre ces deux domaines. Nous dressons maintenant un bilan de notre travail et proposons quelques perspectives.

Extraction et représentation condensée des motifs émergents de graphes

Afin de faire ressortir les contrastes entre classes, nous avons conçu une méthode qui extrait les motifs émergents à partir d'une base de graphes partitionnée selon une classification donnée : ces motifs sont appelés les Emerging Graph Patterns (EGPs). Une idée clé de cette méthode est de changer la représentation des graphes d'entrée en données tabulaires, les sous-graphes fréquents jouant le rôle de nouveaux descripteurs de graphes. Afin d'obtenir rapidement l'extension d'un sous-graphe dans une base de graphes, nous avons montré comment adapter un extracteur de sous-graphes fréquents pour ne calculer la fréquence que sur un sous-ensemble de la base. Cette technique réduit le nombre de tests d'isomorphismes de graphes et d'isomorphismes de sous-graphes. Lorsque les graphes sont binarisés, nous revenons à un contexte de fouille de données ensemblistes et la contrainte d'émergence peut être appliquée.

Les Emerging Graph Patterns (EGPs) sont nombreux et de longueur importante, leur analyse humaine n'est pas possible. Nous avons montré que les motifs fermés émergents de graphes forment une représentation condensée exacte des EGPs. De plus, il est possible de réduire la taille de ces motifs tout en conservant toute l'information. En s'appuyant sur les motifs fermés et la relation d'inclusion entre graphes, nous avons proposé une représentation condensée exacte des EGPs, les motifs résultants sont appelés les Representative Pruned Graph Patterns (RPGPs).

Nous avons montré que les RPGPs sont composés uniquement de graphes fermés. En conséquence, une optimisation de notre méthode d'extraction des motifs émergents de graphes consiste à utiliser un extracteur de sous-graphes fermés fréquents. Cela aura pour conséquence de fournir une description binaire plus petite (en nombre d'attributs binaires) des graphes.

Prédiction de propriétés (éco)toxicologiques

Nos méthodes de recherche sont particulièrement utiles pour l'étude de relations entre la structure des molécules et leur nocivité sur l'homme et sur l'environnement. L'utilisation de graphes moléculaires est une façon naturelle de représenter la structure en deux dimensions des molécules et de constituer des bases de données au format graphe sur lesquelles nous pouvons appliquer nos méthodes. La présence de motifs de fragments moléculaires dans la structure d'une molécule joue un rôle important dans les relations de celle-ci avec l'homme et l'environnement. Il existe une similarité structurelle entre molécules de même toxicité qui n'est pas partagée avec les molécules moins toxiques.

Comme les motifs de fragments que nous extrayons ne reposent pas sur la connaissance humaine, nous avons simulé leur utilisation dans un système expert afin de vérifier leur validité. La règle de décision mise en œuvre pour la construction de classifieurs consiste à prédire comme toxique une molécule qui possède une conjonction de fragments reconnue comme toxicophore. Les résultats de ces expérimentations ont montré que :

- Les fragments extraits ont une bonne capacité de généralisation car ils gardent leur propriété d'émergence à l'extérieur du jeu d'apprentissage. La relation détectée entre la présence d'un fragment extrait et un niveau minimum de toxicité est conservée d'un jeu de molécules à un autre.
- Le seuil de fréquence minimum utilisé pour l'extraction des fragments influence la qualité des fragments. S'il est trop élevé, les fragments sont trop génériques et sont incapables de différencier les classes d'un jeu de molécules à un autre. S'il est trop faible, les fragments sont trop spécifiques et leur capacité de généralisation peut être faible. Pour fixer le seuil de fréquence, nous avons utilisé un test d'indépendance du χ^2 : ce test fixe le nombre minimum de molécules devant supporter le fragment pour que son extraction ne relève pas d'un phénomène local. Cependant ce test ne peut pas être utilisé dans le cas de base de molécules ayant un nombre déséquilibré de molécules entre classes.
- Le taux de croissance minimum influence aussi la qualité des fragments extraits. Un système expert ajoute un poids sur la certitude de son évaluation de la toxicité d'une molécule : ce poids est défini par un utilisateur et diffère selon les fragments. Nous avons montré que ce poids peut être assimilé au taux de croissance minimum utilisé pour l'extraction des fragments. Lorsqu'il est faible, le fragment se retrouve fréquemment dans les molécules et est peu fiable quant à la toxicité de la molécule testée. Lorsqu'il est élevé, il se retrouve moins fréquemment dans les molécules, mais il est un bon indicateur quant à la toxicité de la molécule.
- Nous avons vu que le phénomène de la toxicité peut être expliqué par la présence

d'un fragment moléculaire. En revanche, les phénomènes très toxiques sont beaucoup mieux ciblés par les conjonctions de fragments moléculaires. Cela montre que différentes parties de la molécule contribuent à sa toxicité.

Perspectives de travaux

Nous donnons essentiellement quatre perspectives de recherche découlant de nos travaux, celles-ci portent sur les liens associant fouille de données et chémoinformatique.

Notre méthode d'extraction de motifs émergents de graphes se fonde sur un changement de description qui conduit à binariser des bases de graphes. De fait, il est possible d'utiliser n'importe quelle contrainte exploitable en fouille de données tabulaires et notre approche est générique et ne se limite pas à la contrainte d'émergence. En chémoinformatique, d'autres contraintes d'extraction de motifs sont également intéressantes. Par exemple, les chimistes considèrent que l'aromaticité d'un fragment moléculaire indique un caractère toxique d'une molécule parce qu'elle favorise la réactivité nocive de la molécule avec une biomacromolécule. Il est possible de calculer une mesure d'aromaticité pour chaque sous-graphe fréquent (en fonction du nombre d'atomes et de liaisons chimiques en situation aromatique). Cette mesure, tout comme la densité des sous-graphes décrivant les molécules, pourrait être combinée dans une seule contrainte avec l'émergence et la fréquence. L'objectif est d'élaguer plus précisément l'ensemble des motifs émergents afin de converger vers les motifs aromatiques.

Une autre perspective porte sur le rôle des fragments moléculaires. L'hypothèse de l'influence de motifs de fragments moléculaires sur la toxicité d'une molécule est limitée par la présence d'*inhibiteurs*. Un *inhibiteur* est un motif de fragment moléculaire qui réduit l'action d'un toxicophore. L'extraction automatique d'inhibiteurs consiste à appliquer une méthode d'extraction de motifs de fragments moléculaires sur l'ensemble des molécules ayant été classées toxiques (parce qu'elles contiennent un toxicophore) et étant en fait non toxiques. Lors de la prédiction, la règle de décision ne sera plus de la forme : *si une molécule a un toxicophore alors elle est toxique*, mais deviendra : *si une molécule a un toxicophore et pas d'inhibiteur alors elle est toxique*.

Il est aussi intéressant de s'interroger sur la notion d'émergence. Nous avons remarqué qu'une forte hausse du taux de croissance influence fortement à la baisse le nombre de motifs émergents extraits. Partant de ce constat, [Bissell-Siders 10a] ont défini la notion de *motif stimulant* qui a la particularité d'être moins strict sur la contrainte d'émergence. Un motif est dit stimulant si son ajout à un motif fermé fait souvent beaucoup chuter la fréquence dans une classe que dans l'autre classe. Il sera intéressant d'appliquer l'extraction automatique de toxicophores non plus au sens des motifs émergents mais au sens des motifs stimulants : cela permettra par exemple de fixer les taux de croissance gouvernant l'extraction des motifs de manière locale.

Enfin, il existe de nombreuses données représentées par des graphes, comme les structures textuelles de nature discursive [Asher 93]. Dans ce contexte, notre approche pourra se révéler précieuse pour détecter des régularités organisationnels comme les motifs structurels caractéristiques de tel ou tel corpus ou de tel ou tel type de bloc argumentatif. Cette recherche permettra d'envisager l'extraction de corrélations entre phénomènes co-occurrents qui rendront compte des mécanismes exposant la manière dont certaines structures indiquent la présence d'autres structures.

Bibliographie

[Agrawal 94]   Rakesh Agrawal & Ramakrishnan Srikant. *Fast Algorithms for Mining Association Rules in Large Databases*. In Proceedings of the 20th International Conference on Very Large Data Bases, VLDB '94, pages 487–499, San Francisco, CA, USA, 1994. Morgan Kaufmann Publishers Inc.

[Ashby 85]   John Ashby. *Fundamental structural alerts to potential carcinogenicity or noncarcinogenicity*. Environmental Mutagenesis, vol. 7, no. 6, pages 919–921, 1985.

[Asher 93]   Nicholas Asher. Reference to abstract objects in discourse. Kluwer, 1993.

[Auer 06]   Jens Auer & Jürgen Bajorath. *Emerging Chemical Patterns : A New Methodology for Molecular Classification and Compound Selection*. Journal of Chemical Information and Modeling, vol. 46, no. 6, pages 2502–2514, 2006.

[Auer 08]   Jens Auer & Jurgen Bajorath. *Distinguishing between Bioactive and Modeled Compound Conformations through Mining of Emerging Chemical Patterns*. Journal of Chemical Information and Modeling, vol. 48, no. 9, pages 1747–1753, 2008.

[Babai 83]   László Babai & Eugene M. Luks. *Canonical labeling of graphs*. In Proceedings of the fifteenth annual ACM symposium on Theory of computing, STOC '83, pages 171–183, New York, NY, USA, 1983. ACM.

[Bajorath 08]   Jurgen Bajorath. *Simulation of Sequential Screening Experiments Using Emerging Chemical Patterns*. Medicinal Chemistry, vol. 4, pages 80–90(11), January 2008.

[Balaban 83]   Alexandru T. Balaban. *Topological indices based on topological distances in molecular graphs*. Pure and Applied Chemistry, vol. 55, no. 2, pages 199–206, 1983.

[Barnard 93]   John M. Barnard. *Substructure searching methods : Old and new*. Journal of Chemical Information and Computer Sciences, vol. 33, no. 4, pages 532–538, 1993.

[Benfenati 97]   Emilio Benfenati & Giuseppina Gini. *Computational predictive programs (expert systems) in toxicology.* Toxicology, vol. 119, no. 3, pages 213 – 225, 1997.

[Benigni 08]   Romualdo Benigni & Cecilia Bossa. *Predictivity of QSAR.* Journal of Chemical Information and Modeling, vol. 48, no. 5, pages 971–980, 2008.

[Bissell-Siders 10a] Ryan Bissell-Siders, Bertrand Cuissart & Bruno Crémilleux. *On the stimulation of patterns : definitions, calculation method and first usages.* In Proceedings of the 18th international conference on Conceptual structures : from information to intelligence, ICCS'10, pages 56–69, Berlin, Heidelberg, 2010. Springer-Verlag.

[Bissell-Siders 10b] Ryan Bissell-Siders, Guillaume Poezevara, Bertrand Cuissart & Bruno Crémilleux. *Mining patterns and subgraphs as potential toxicophores to predict contextual ecotoxicity.* In 5th Workshop on Computers in Scientic Discovery, July 2010.

[Borgelt 02]   Christian Borgelt & Michael R. Berthold. *Mining Molecular Fragments : Finding Relevant Substructures of Molecules.* In Proceedings of the 2002 IEEE International Conference on Data Mining, ICDM '02, page 51, Washington, DC, USA, 2002. IEEE Computer Society.

[Borgelt 05a]   Christian Borgelt, Michael Berthold & David Patterson. *Molecular Fragment Mining for Drug Discovery.* In Lluís Godo, editeur, Symbolic and Quantitative Approaches to Reasoning with Uncertainty, volume 3571 of *Lecture Notes in Computer Science*, pages 469–469. Springer Berlin / Heidelberg, 2005.

[Borgelt 05b]   Christian Borgelt, Thorsten Meinl & Michael Berthold. *MoSS : a program for molecular substructure mining.* In Workshop Open Source Data Mining Software, pages 6–15. ACM Press, 2005.

[Boulicaut 00]   Jean-François Boulicaut & Artur Bykowski. *Frequent Closures as a Concise Representation for Binary Data Mining.* In Takao Terano, Huan Liu & Arbee L. P. Chen, editeurs, PAKDD, volume 1805 of *Lecture Notes in Computer Science*, pages 62–73. Springer, 2000.

[Boulicaut 03]   Jean-François Boulicaut, Artur Bykowski & Christophe Rigotti. *Free-Sets : A Condensed Representation of Boolean Data for the Approximation of Frequency Queries.* Data Mining and Knowledge Discovery, vol. 7, pages 5–22, 2003.

[Bringmann 09]   Bjorn Bringmann, Nijssen Siegfried & Albrecht Zimmermann. *Pattern-Based Classification : A Unifying Perspective.* 2009.

[Calders 03]   Toon Calders & Bart Goethals. *Minimal k-free representations of frequent sets.* In Lecture notes in computer science, volume 2838, pages 71–82, Berlin, ALLEMAGNE, 2003. Springer.

[Calders 05]   Toon Calders, Christophe Rigotti & Jean-François Boulicaut. *A Survey on Condensed Representations for Frequent Sets*. In Jean-François Boulicaut, Luc De Raedt & Heikki Mannila, editeurs, Constraint-Based Mining and Inductive Databases, volume 3848 of *Lecture Notes in Computer Science*, pages 64–80. Springer Berlin / Heidelberg, 2005.

[Catana 09]   Cornel Catana. *Simple Idea to Generate Fragment and Pharmacophore Descriptors and Their Implications in Chemical Informatics*. Journal of Chemical Information and Modeling, vol. 49, no. 3, pages 543–548, 2009.

[Cerf 10]   Loïc Cerf. *Constraint-Based Mining of Closed Patterns in Noisy n-ary Relations*. Spécialité informatique, Institut National des Sciences Appliquées de Lyon, juillet 2010.

[Chi 03]   Yun Chi, Yirong Yang, Yi Xia & Richard R. Muntz. *CMTreeMiner : Mining Both Closed and Maximal Frequent Subtrees*. In The Eighth Pacific Asia Conference on Knowledge Discovery and Data Mining (PAKDD'04, 2003.

[Cook 94]   Diane J. Cook & Lawrence B. Holder. *Substructure discovery using minimum description length and background knowledge*. J. Artif. Int. Res., vol. 1, pages 231–255, February 1994.

[Cook 06]   Diane J. Cook & Lawrence B. Holder. Mining graph data. John Wiley & Sons, 2006.

[Cordella 04]   Luigi P. Cordella, Pasquale Foggia, Carlo Sansone & Mario Vento. *A (Sub)Graph Isomorphism Algorithm for Matching Large Graphs*. IEEE Trans. Pattern Anal. Mach. Intell., vol. 26, pages 1367–1372, October 2004.

[Corneil 08]   Derek G. Corneil & Richard M. Krueger. *A Unified View of Graph Searching*. SIAM J. Discret. Math., vol. 22, pages 1259–1276, July 2008.

[Cristianini 00]   N. Cristianini & J. Shawe-Taylor. An introduction to support vector machines (and other kernel-based learning methods). Cambridge University Press, 2000.

[Cuissart 02]   Bertrand Cuissart, Frédérique Touffet, Bruno Crémilleux, Ronan. Bureau & Sylvain Rault. *The Maximum Common Substructure as a Molecular Depiction in a Supervised Classification Context : Experiments in Quantitative Structure/Biodegradability Relationships*. Journal of Chemical Information and Computer Sciences, vol. 42, no. 5, pages 1043–1052, 2002.

[Davis 06]   Jesse Davis & Mark Goadrich. *The relationship between Precision-Recall and ROC curves*. In Proceedings of the 23rd international conference on Machine learning, ICML '06, pages 233–240, New York, NY, USA, 2006. ACM.

[Diestel 05]   Reinhard Diestel. Graph theory (graduate texts in mathematics). Springer, August 2005.

[Dixon 99]   Steven L. Dixon & Ryan T. Koehler. *The Hidden Component of Size in Two-Dimensional Fragment Descriptors : Side Effects on Sampling in Bioactive Libraries.* Journal of Medicinal Chemistry, vol. 42, no. 15, pages 2887–2900, 1999.

[Dong 99a]   Guozhu Dong & Jinyan Li. *Efficient mining of emerging patterns : discovering trends and differences.* In Proceedings of the fifth ACM SIGKDD international conference on Knowledge discovery and data mining, KDD '99, pages 43–52, New York, NY, USA, 1999. ACM.

[Dong 99b]   Guozhu Dong, Xiuzhen Zhang, Limsoon Wong & Jinyan Li. *CAEP : Classification by Aggregating Emerging Patterns.* In Setsuo Arikawa & Koichi Furukawa, editeurs, Discovery Science, volume 1721 of *Lecture Notes in Computer Science*, pages 30–42. Springer, 1999.

[ECBHPV 08]   ECBHPV. *European Chemicals Bureau High Production Volume*, version de 2008. http://ecb.jrc.ec.europa.eu/documentation.

[Ellison 11]   C. M. Ellison, R. Sherhod, M. T. D. Cronin, S. J. Enoch, J. C. Madden & P. N. Judson. *Assessment of Methods To Define the Applicability Domain of Structural Alert Models.* Journal of Chemical Information and Modeling, vol. 51, no. 5, pages 975–985, 2011.

[EPAFHM 08]   EPAFHM. *Environement Protection Agency Fathead Minnow Acute Toxicty*, version de 2008. http://www.epa.gov/med/Prods_Pubs/fathead_minnow.htm.

[Fan 03]   Hongjian Fan & Kotagiri Ramamohanarao. *A Bayesian Approach to Use Emerging Patterns for Classification.* In Klaus-Dieter Schewe & Xiaofang Zhou, editeurs, ADC, volume 17 of *CRPIT*, pages 39–48. Australian Computer Society, 2003.

[Fayyad 96]   Usama M. Fayyad, Gregory Piatetsky-Shapiro & Padhraic Smyth. *Advances in knowledge discovery and data mining.* chapitre From data mining to knowledge discovery : an overview, pages 1–34. American Association for Artificial Intelligence, Menlo Park, CA, USA, 1996.

[Fourches 10]   Denis Fourches, Eugene Muratov & Alexander Tropsha. *Trust, But Verify : On the Importance of Chemical Structure Curation in Cheminformatics and QSAR Modeling Research.* Journal of Chemical Information and Modeling, vol. 50, no. 7, pages 1189–1204, 2010.

[Garey 90]   Michael R. Garey & David S. Johnson. Computers and intractability ; a guide to the theory of np-completeness. W. H. Freeman & Co., New York, NY, USA, 1990.

[Gay 09]   Dominique Joël Gay. *Calcul de motifs sous contraintes pour la classification supervisée*. Spécialité informatique, École Doctorale Pluridisciplinaire Numérique des Milieux Insulaires Ultra-Marins, Université de la Nouvelle-Calédonie et Institut National des Sciences Appliquées de Lyon, décembre 2009.

[Geng 06]   Liqiang Geng & Howard J. Hamilton. *Interestingness measures for data mining : A survey*. ACM Comput. Surv., vol. 38, September 2006.

[Giacometti 09] Arnaud Giacometti, Eynollah Khanjari Miyaneh, Patrick Marcel & Arnaud Soulet. *A framework for pattern-based global models*. In Proceedings of the 10th international conference on Intelligent data engineering and automated learning, IDEAL'09, pages 433–440, Berlin, Heidelberg, 2009. Springer-Verlag.

[GR 08]   *Guidance to Regulation (EC) No 1272/2008 on Classification, Labelling and Packaging of substances and mixtures*, 2008. http: //ecb.jrc.ec.europa.eu/documents/Classification-Labelling/ CLP_Guidance_to_regulation.pdf.

[Grave 10]   Kurt De Grave & Fabrizio Costa. *Molecular Graph Augmentation with Rings and Functional Groups*. Journal of Chemical Information and Modeling, vol. 50, no. 9, pages 1660–1668, 2010.

[Greene 97]   N. Greene. *Computer Software for Risk Assessment*. Journal of Chemical Information and Computer Sciences, vol. 37, no. 1, pages 148–150, 1997.

[Greenwood 96]   Priscilla E. Greenwood & Michael S. Nikulin. A guide to chi-squared testing. Wiley Series in Probability and Statistics. Wiley, New-York, 1996.

[Hajjo 10]   Rima Hajjo, Christopher M. Grulke, Alexander Golbraikh, Vincent Setola, Xi-Ping Huang, Bryan L. Roth & Alexander Tropsha. *Development, Validation, and Use of Quantitative StructureActivity Relationship Models of 5-Hydroxytryptamine (2B) Receptor Ligands to Identify Novel Receptor Binders and Putative Valvulopathic Compounds among Common Drugs*. Journal of Medicinal Chemistry, vol. 53, no. 21, pages 7573–7586, 2010.

[Hansch 62]   Corwin Hansch, Peyton P. Maloney, Toshio Fujita & Robert M. Muir. *Correlation of Biological Activity of Phenoxyacetic Acids with Hammett Substituent Constants and Partition Coefficients*. Nature, vol. 194, no. 4824, pages 178–180, 04 1962.

[Hansch 64]   Corwin. Hansch & Toshio. Fujita. *p-- Analysis. A Method for the Cor-relation of Biological Activity and Chemical Structure.* Journal of the American Chemical Society, vol. 86, no. 8, pages 1616–1626, 1964.

[Hansch 95]   Corwin Hansch, Albert Leo & D. H Hoekman. Exploring QSAR. Washington, DC : American Chemical Society, 1995.

[Hariharan 10]   Ramesh Hariharan, Anand Janakiraman, Ramaswamy Nilakantan, Bhupender Singh, Sajith Varghese, Gregory Landrum & Ansgar Schuffenhauer. *MultiMCS : A Fast Algorithm for the Maximum Common Substructure Problem on Multiple Molecules.* Journal of Chemical Information and Modeling, 2010.

[Hassan 96]   Moises Hassan, Jan Bielawski, Judith Hempel & Marvin Waldman. *Optimization and visualization of molecular diversity of combinatorial libraries.* Molecular Diversity, vol. 2, pages 64–74, 1996.

[Helma 05]   Christoph Helma. *In silico predictive toxicology : the state-of-the-art and strategies to predict human health effects.* Curr Opin Drug Discov Devel, vol. 8, no. 1, pages 27–31, 2005.

[Hodge 49]   H. C. Hodge & J. H. Sterner. *Tabulation, toxicity classes.* Am. Ind. Hygiene Assoc. Quart., vol. 10, no. 93, 1949.

[Holliday 03]   John D. Holliday, Naomie Salim, Martin Whittle & Peter Willett. *Analysis and Display of the Size Dependence of Chemical Similarity Coefficients.* Journal of Chemical Information and Computer Sciences, vol. 43, no. 3, pages 819–828, 2003.

[Hong 08]   Huixiao Hong, Qian Xie, Weigong Ge, Feng Qian, Hong Fang, Leming Shi, Zhenqiang Su, Roger Perkins & Weida Tong. *Mold2, Molecular Descriptors from 2D Structures for Chemoinformatics and Toxicoinformatics.* Journal of Chemical Information and Modeling, vol. 48, no. 7, pages 1337–1344, 2008.

[Horvath 09]   Dragos Horvath, Gilles Marcou & Alexandre Varnek. *Predicting the Predictability : A Unified Approach to the Applicability Domain Problem of QSAR Models.* Journal of Chemical Information and Modeling, vol. 49, no. 7, pages 1762–1776, 2009.

[Huan 03]   Jun Huan, Wei Wang & Jan Prins. *Efficient Mining of Frequent Subgraphs in the Presence of Isomorphism.* In ICDM, pages 549–552. IEEE Computer Society, 2003.

[Hulzebos 05]   Etje Hulzebos, JohnD. Walker, Ingrid Gerner & Kerstin Schlegel. *Use of structural alerts to develop rules for identifying chemical substances with skin irritation or skin corrosion potential.* QSAR Combinatorial Science, vol. 24, no. 3, pages 332–342, 2005.

[Inokuchi 00]   Akihiro Inokuchi, Takashi Washio & Hiroshi Motoda. *An Apriori-Based Algorithm for Mining Frequent Substructures from Graph Data*. In Proceedings of the 4th European Conference on Principles of Data Mining and Knowledge Discovery, PKDD '00, pages 13–23, London, UK, 2000. Springer-Verlag.

[Inokuchi 05]   Akihiro Inokuchi, Takashi Washio & Hiroshi Motoda. *A General Framework for Mining Frequent Subgraphs from Labeled Graphs*. Fundam. Inform, vol. 66, no. 1-2, pages 53–82, 2005.

[IUC 10]   *IUCLID*. San Diego, CA, 2010. http://iuclid.eu.

[Jiang 03]   Chen Jiang, Yougui Li, Qingshan Tian & Tianpa You. *QSAR Study of Catalytic Asymmetric Reactions with Topological Indices*. Journal of Chemical Information and Computer Sciences, vol. 43, no. 6, pages 1876–1881, 2003.

[Kazius 05]   Jeroen Kazius, Ross McGuire & Roberta Bursi. *Derivation and Validation of Toxicophores for Mutagenicity Prediction*. Journal of Medicinal Chemistry, vol. 48, no. 1, pages 312–320, 2005.

[Kazius 06]   Jeroen Kazius, Siegfried Nijssen, Joost Kok, Thomas Bäck & Adriaan P. IJzerman. *Substructure Mining Using Elaborate Chemical Representation*. Journal of Chemical Information and Modeling, vol. 46, no. 2, pages 597–605, 2006.

[Knobbe 08]   Arno J. Knobbe, Bruno Crémilleux, Johannes Fürnkranz & Martin Scholz. *From Local Patterns to Global Models : The LeGo Approach to Data Mining*. In Arno J. Knobbe, editeur, From Local Patterns to Global Models : Proceedings of the ECML/PKDD-08 Workshop (LeGo-08), pages 1–16, Antwerp, Belgium, 2008.

[Kralj Novak 09]   Petra Kralj Novak, Nada Lavrač & Geoffrey I. Webb. *Supervised Descriptive Rule Discovery : A Unifying Survey of Contrast Set, Emerging Pattern and Subgroup Mining*. Journal of Machine Learning Research, vol. 10, pages 377–403, Feb 2009.

[Kramer 01]   Stefan Kramer, Luc De Raedt & Christoph Helma. *Molecular feature mining in HIV data*. In Proceedings of the seventh ACM SIGKDD international conference on Knowledge discovery and data mining, KDD '01, pages 136–143, New York, NY, USA, 2001. ACM.

[Kuramochi 01]   Michihiro Kuramochi & George Karypis. *Frequent Subgraph Discovery*. Data Mining, IEEE International Conference on, vol. 0, page 313, 2001.

[Lajiness 97]   M.S. Lajiness. *Dissimilarity-based compound selection techniques*. Perspectives in Drug Discovery and Design, vol. 7/8, pages 65–84(20), December 1997.

[Levi 73]		G. Levi. *A note on the derivation of maximal common subgraphs of two directed or undirected graphs*. Calcolo, vol. 9, pages 341–352, 1973.

[Li 01]		Jinyan Li, Guozhu Dong & Kotagiri Ramamohanarao. *Making use of the most expressive jumping emerging patterns for classification*. Knowl. Inf. Syst., vol. 3, pages 1–29, May 2001.

[Li 04]		Jinyan Li, Guozhu Dong, Kotagiri Ramamohanarao & Limsoon Wong. *DeEPs : A New Instance-Based Lazy Discovery and Classification System*. Machine Learning, vol. 54, no. 2, pages 99–124, 2004.

[Ling 05]		Xue Ling, Stahura Florence L. & Bajorath Jürgen. Chemoinformatics : Perspectives and challenges, chapitre 5, pages 41–53. American Chemical Society, Washington, DC, 2005.

[Lo 08]		David Lo, Siau-Cheng Khoo & Jinyan Li. *Mining and Ranking Generators of Sequential Patterns*. In In SDM, 2008.

[Lozano 09a]		Sylvain Lozano, Guillaume Poezevara, Bertrand Cuissart, Marie-Pierre Halm Lemeille, Elodie Lescot Fontaine, Alban Lepailleur, Ronan Bureau & Sylvain Rault. *Assessement of chemical risk phrases in ecotoxicoloy : comparison of two methods*. In 14th International Symposium on Toxicity Assessment (ISTA 14), Metz, France, 2009.

[Lozano 09b]		Sylvain Lozano, Guillaume Poezevara, Bertrand Cuissart, Marie-Pierre Halm Lemeille, Elodie Lescot Fontaine, Alban Lepailleur, Ronan Bureau & Sylvain Rault. *Supervised classication and QSAR in ecotoxicology : comparison of two methods*. In Journées de la Société Française de Chémoinformatique, Montpellier, France, juin 2009.

[Lozano 10a]		Sylvain Lozano. *Estimation des propriétés écotoxicologiques de substances chimiques par méthodes* in silico : *définition de modèles globaux ou spécifiques*. Spécialité pharmacochimie et modélisation moléculaire, Thèse de doctorat, École Doctorale Normande Biologie Integrative, Santé, Environement (EdNBISE), Université de Caen Basse-Normandie, décembre 2010.

[Lozano 10b]		Sylvain Lozano, Marie-Pierre Halm-Lemeille, Alban Lepailleur, Sylvain Rault & Ronan Bureau. *Consensus QSAR Related to Global or MOA Models : Application to Acute Toxicity for Fish*. Molecular Informatics, vol. 29, no. 11, pages 803–813, 2010.

[Lozano 10c]		Sylvain Lozano, Guillaume Poezevara, Marie-Pierre Halm-Lemeille, Elodie Lescot-Fontaine, Alban Lepailleur, Ryan Bissell-Siders, Bruno Cremilleux, Sylvain Rault, Bertrand Cuissart & Ronan Bureau. *Introduction of Jumping Fragments in Combination with QSARs for the Assessment of Classification in Ecotoxicology*. Journal of Chemical Information and Modeling, vol. 50, no. 8, pages 1330–1339, 2010.

[Luque Ruiz 05]   Irene Luque Ruiz, Gonzalo Cerruela García & Miguel Ángel Gómez-Nieto. *Clustering Chemical Databases Using Adaptable Projection Cells and MCS Similarity Values.* Journal of Chemical Information and Modeling, vol. 45, no. 5, pages 1178–1194, 2005.

[Mannila 96]   Heikki Mannila & Hannu Toivonen. *Multiple uses of frequent sets and condensed representations (Extended Abstract).* In In Proc. KDD Int. Conf. Knowledge Discovery in Databases, pages 189–194. AAAI Press, 1996.

[Mannila 97]   Heikki Mannila & Hannu Toivonen. *Levelwise Search and Borders of Theories in KnowledgeDiscovery.* Data Min. Knowl. Discov., vol. 1, pages 241–258, January 1997.

[McKay 80]   B.D. McKay & R.G. Stanton. *Some graph-isomorphism computations.* Ars Combinatoria, vol. 9, pages 307–313, 1980.

[McKay 81]   B D McKay. *Practical graph isomorphism.* Congressus Numerantium, vol. 30, no. 30, pages 45–87, 1981.

[Mitchell 82]   Tom M. Mitchell. *Generalization as search.* Artificial Intelligence, vol. 18, no. 2, pages 203 – 226, 1982.

[MOE 07]   MOE, *Molecular Operating Environment.* Montreal, Canada, 2007.

[Nicolaou 06]   Christos A. Nicolaou, Constantinos S. Pattichis & Senior Member. *Molecular Substructure Mining Approaches for Computer-Aided Drug Discovery : A Review*, 2006.

[Nijssen 04]   Siegfried Nijssen & Joost N. Kok. *A quickstart in frequent structure mining can make a difference.* In Proceedings of the tenth ACM SIGKDD international conference on Knowledge discovery and data mining, KDD '04, pages 647–652, New York, NY, USA, 2004. ACM.

[Pasquier 99a]   Nicolas Pasquier, Yves Bastide, Rafik Taouil & Lotfi Lakhal. *Discovering Frequent Closed Itemsets for Association Rules.* In Proceedings of the 7th International Conference on Database Theory, ICDT '99, pages 398–416, London, UK, 1999. Springer-Verlag.

[Pasquier 99b]   Nicolas Pasquier, Yves Bastide, Rafik Taouil & Lotfi Lakhal. *Efficient Mining of Association Rules Using Closed Itemset Lattices.* Inf. Syst., vol. 24, no. 1, pages 25–46, 1999.

[Pennerath 09]   Frédéric Pennerath & Amedeo Napoli. *The Model of Most Informative Patterns and Its Application to Knowledge Extraction from Graph Databases.* In Wray L. Buntine, Marko Grobelnik, Dunja Mladenic & John Shawe-Taylor, editeurs, ECML/PKDD (2), volume 5782 of *Lecture Notes in Computer Science*, pages 205–220. Springer, 2009.

[Plantevit 09]   Marc Plantevit & Bruno Crémilleux. *Condensed Representation of Sequential Patterns according to Frequency-based Measures*. In 8th International Symposium on Intelligent Data Analysis (IDA'09), volume 5772 of *Lecture Notes in Computer Science*, pages 155–166, Lyon, France, September 2009. Springer.

[Poezevara 09]   Guillaume Poezevara, Bertrand Cuissart & Bruno Crémilleux. *Discovering Emerging Graph Patterns from Chemicals*. In Proceedings of the 18th International Symposium on Foundations of Intelligent Systems, ISMIS '09, pages 45–55, Berlin, Heidelberg, 2009. Springer-Verlag.

[Poezevara 11]   Guillaume Poezevara, Bertrand Cuissart & Bruno Crémilleux. *Extracting and summarizing the frequent emerging graph patterns from a dataset of graphs*. J. Intell. Inf. Syst., vol. 37, no. 3, pages 333–353, 2011.

[Quinlan 86]   J. R. Quinlan. *Induction of Decision Trees*. Mach. Learn., vol. 1, pages 81–106, March 1986.

[Raimondo 10]   Sandy Raimondo, Crystal R. Jackson & Mace G. Barron. *Influence of Taxonomic Relatedness and Chemical Mode of Action in Acute Interspecies Estimation Models for Aquatic Species*. Environmental Science Technology, vol. 44, no. 19, pages 7711–7716, 2010.

[Raymond 02]   John W Raymond, Eleanor J Gardiner & Peter Willett. *Heuristics for similarity searching of chemical graphs using a maximum common edge subgraph algorithm*. Journal of Chemical Information and Computer Sciences, vol. 42, no. 2, pages 305–316, 2002.

[Richard 06]   Ann M. Richard. *Future of Toxicology-Predictive Toxicology : An Expanded View of "Chemical Toxicity"*. Chemical Research in Toxicology, vol. 19, no. 10, pages 1257–1262, 2006.

[Ridings 96]   J. E. Ridings, M. D. Barratt, R. Cary, C. G. Earnshaw, C. E. Eggington, M. K. Ellis, P. N. Judson, J. J. Langowski, C. A. Marchant, M. P. Payne, W. P. Watson & T. D. Yih. *Computer prediction of possible toxic action from chemical structure : an update on the DEREK system*. Toxicology, vol. 106, no. 1-3, pages 267 – 279, 1996.

[Rogers 03]   M. D. Rogers. *Strategy for a Future Chemicals Policy*. The European Commission's White Paper, vol. 23, no. 2, pages 381–388, 2003.

[Ros 00]   Handbook of discrete and combinatorial mathematics, chapitre 8. Graph theory, page 554. CRC Press, 2000.

[RTECS 10]   RTECS. *Environement Protection Agency Fathead Minnow Acute Toxicty*, version de 2010. http://www.cdc.gov/niosh/rtecs/default. html.

[Schervish 95]   Mark J. Schervish. Theory of statisitics, chapitre 7. Large sample theory, page 467. Springer series in statisitics. Springer, 1995.

[Schietgat 09] Leander Schietgat, Fabrizio Costa, Jan Ramon & Luc De Raedt. *Maximum common subgraph mining : A fast and effective approach towards feature generation*. In Hendrik Blockeel, Karsten Borgwardt & Xifeng Yan, editeurs, 7th International Workshop on Mining and Learning with Graphs, Leuven, Belgium, July 2-4, 2009, Extended Abstracts,, pages 1–3, July 2009.

[Schultz 07] T. Wayne Schultz, Jason W. Yarbrough, Robert S. Hunter & Aynur O. Aptula. *Verification of the Structural Alerts for Michael Acceptors*. Chemical Research in Toxicology, vol. 20, no. 9, pages 1359–1363, 2007.

[Schuurmann 11] Gerrit Schuurmann, Ralf-Uwe Ebert & Ralph Kuhne. *Quantitative Read-Across for Predicting the Acute Fish Toxicity of Organic Compounds*. Environmental Science Technology, vol. 45, no. 10, pages 4616–4622, 2011.

[Sheridan 06] Robert P. Sheridan, Peter Hunt & J. Chris Culberson. *Molecular Transformations as a Way of Finding and Exploiting Consistent Local QSAR*. Journal of Chemical Information and Modeling, vol. 46, no. 1, pages 180–192, 2006.

[Soulet 05] Arnaud Soulet & Bruno Crémilleux. *An Efficient Framework for Mining Flexible Constraints*. In Tu Bao Ho, David Wai-Lok Cheung & Huan Liu, editeurs, PAKDD, volume 3518 of *Lecture Notes in Computer Science*, pages 661–671. Springer, 2005.

[Soulet 07] A. Soulet, J. Kléma & B. Crémilleux. Post-proceedings of the 5th international workshop on knowledge discovery in inductive databases in conjunction with ecml/pkdd 2006 (kdid'06), volume 4747 of *Lecture Notes in Computer Science*, chapitre Efficient Mining under Rich Constraints Derived from Various Datasets, pages 223–239. Springer, 2007.

[Soulet 08] Arnaud Soulet & Bruno Crémilleux. *Adequate condensed representations of patterns*. Data Min. Knowl. Discov., vol. 17, no. 1, pages 94–110, 2008.

[Todeschini 09] Roberto Todeschini & Viviana Consonni. Molecular descriptors for chemoinformatics : Volume i : Alphabetical listing / volume ii : Appendices, references, 2nd, revised and enlarged edition. John Wiley and Sons, Inc., july 2009. 1257 pages.

[Trevan 27] J. W. Trevan. *The Error of Determination of Toxicity*. Proceedings of the Royal Society of London. Series B, Containing Papers of a Biological Character, vol. 101, no. 712, pages 483–514, 1927.

[Ullmann 76] J. R. Ullmann. *An Algorithm for Subgraph Isomorphism*. J. ACM, vol. 23, pages 31–42, January 1976.

[Veith 88] GD. Veith, B. Greenwood, RS. Hunter, GJ. Niemi & RR. Regal. *On *the intrinsic dimensionality of chemical structure space.* Chemosphere, vol. 17, no. 8, pages 1617–1644, 1988.

[Verma 11]   Rajeshwar P. Verma & Corwin Hansch. *Use of 13C NMR Chemical Shift as QSAR/QSPR Descriptor.* Chemical Reviews, vol. 111, no. 4, pages 2865–2899, 2011.

[Von Der Ohe 05] Peter C Von Der Ohe, Ralph Kühne, Ralf-Uwe Ebert, Rolf Altenburger, Matthias Liess & Gerrit Schüürmann. *Structural alerts–a new classification model to discriminate excess toxicity from narcotic effect levels of organic compounds in the acute daphnid assay.* Chemical Research in Toxicology, vol. 18, no. 3, pages 536–555, 2005.

[Wang 97]   Ting Wang & Jiaju Zhou. *EMCSS : A New Method for Maximal Common Substructure Search.* Journal of Chemical Information and Computer Sciences, vol. 37, no. 5, pages 828–834, 1997.

[Washio 03]   Takashi Washio & Hiroshi Motoda. *State of the art of graph-based data mining.* SIGKDD Explor. Newsl., vol. 5, pages 59–68, July 2003.

[Weininger 88]   David Weininger. *SMILES, a chemical language and information system. 1. Introduction to methodology and encoding rules.* Journal of Chemical Information and Computer Sciences, vol. 28, no. 1, pages 31–36, 1988.

[Weininger 89]   David Weininger, Arthur Weininger & Joseph L. Weininger. *SMILES. 2. Algorithm for generation of unique SMILES notation.* Journal of Chemical Information and Computer Sciences, vol. 29, no. 2, pages 97–101, 1989.

[Weininger 90]   David Weininger. *SMILES. 3. DEPICT. Graphical depiction of chemical structures.* Journal of Chemical Information and Computer Sciences, vol. 30, no. 3, pages 237–243, 1990.

[Whittle 04]   Martin Whittle, Valerie J. Gillet, Peter Willett, Alexander Alex & Jens Loesel. *Enhancing the Effectiveness of Virtual Screening by Fusing Nearest Neighbor Lists : A Comparison of Similarity Coefficients.* Journal of Chemical Information and Computer Sciences, vol. 44, no. 5, pages 1840–1848, 2004.

[Willett 98]   Peter Willett, John M. Barnard & Geoffrey M. Downs. *Chemical Similarity Searching.* Journal of Chemical Information and Computer Sciences, vol. 38, no. 6, pages 983–996, 1998.

[Willett 11]   Peter Willett. *Chemoinformatics : a history.* Wiley Interdisciplinary Reviews : Computational Molecular Science, vol. 1, no. 1, pages 46–56, 2011.

[Williams 06]   Dominic P. Williams. *Toxicophores : Investigations in drug safety.* Toxicology, vol. 226, no. 1, pages 1 – 11, 2006. Proceedings of the British

Toxicology Society the United Kingdom Environmental Mutagen Society Joint Congress. University of Warwick, Warwick, UK, 19th to 22nd March, 2006.

[Wörlein 05]   Marc Wörlein, Thorsten Meinl, Ingrid Fischer & Michael Philippsen. *A Quantitative Comparison of the Subgraph Miners MoFa, gSpan, FFSM, and Gaston*. In Alípio Jorge, Luís Torgo, Pavel Brazdil, Rui Camacho & João Gama, editeurs, Knowledge Discovery in Databases : PKDD 2005, volume 3721 of *Lecture Notes in Computer Science*, pages 392–403. Springer, 2005.

[Yan 02]   Xifeng Yan & Jiawei Han. *gSpan : Graph-Based Substructure Pattern Mining*. In ICDM, pages 721–724. IEEE Computer Society, 2002.

[Yan 03a]   Xifeng Yan & Jiawei Han. *CloseGraph : mining closed frequent graph patterns*. In Proceedings of the ninth ACM SIGKDD international conference on Knowledge discovery and data mining, KDD '03, pages 286–295, New York, NY, USA, 2003. ACM.

[Yan 03b]   Xifeng Yan, Jiawei Han & Ramin Afshar. *CloSpan : Mining Closed Sequential Patterns in Large Datasets*. In SDM, pages 166–177, 2003.

[Yan 06]   Xifeng Yan & Jiawei Han. *Discovery of Frequent Substructures*. In Mining Graph Data, pages 97–115. John Wiley Sons, Inc., 2006.

[Yoshida 94]   Kenichi Yoshida, Hiroshi Motoda & Nitin Indurkhya. *Graph-based induction as a unified learning framework*. Applied Intelligence, vol. 4, pages 297–316, 1994.

[Zaki 02]   Mohammed J Zaki & Ching Jui Hsiao. *CHARM : An Efficient Algorithm for Closed Itemset Mining*. Database, vol. 15, page 17, 2002.

Table des figures

Liste des tableaux

Acronymes

CERMN Centre d'Études et de Recherche sur le Médicament de Normandie
CGP Close Graph Pattern
D-RPGP Discriminative Representative Pruned Graph Pattern
DFS Depth First Search
ECBD Extraction de Connaissance dans les Bases de Données
ECBHPV European Chemical Bureau High Production Volume
ECP Emerging Chemical Pattern
EGP Emerging Graph Pattern
EP Emerging Pattern
EPAFHM EPA Fathead Minnow Acute Toxicity Database
EREF Ensemble Représentable par les Éléments Fermés
IUCLID International Uniform Chemical Information Database
JEP Jumping Emerging Pattern
JF Jumping Fragment
MCS Maximum Common Substructure
MOA Mode Of Action
MOE Molecular Operating Environment
ND-RPGP Non Discriminative Representative Pruned Graph Pattern
REACH Registration, Evaluation, Authorisation and restriction of CHemicals
RPGP Representative Pruned Graph Pattern
RTECS Registry of Toxic Effects of Chemical Substances
SMILES Simplified Molecular Input Line Entry Specification

Index

Fouille de graphes pour la découverte de contrastes entre classes : application à l'estimation de la toxicité des molécules

Cette thèse porte sur la fouille de graphes et propose un ensemble de méthodes pour la découverte de contrastes entre classes et leurs contributions à des problématiques de prédictions de propriétés (éco)toxicologiques de composés chimiques. Nous présentons un nouveau type de motifs, les motifs émergents de graphes – les conjonctions de graphes dont la présence est liée à la classification donnée en entrée – afin de cibler l'information caractérisant les différentes classes. Notre méthode repose sur un changement de description des graphes permettant de revenir à un contexte de fouille de données tabulaires. L'étendue des contraintes utilisées en fouille de données tabulaires peut ainsi être exploitée, telle que la contrainte d'émergence. Nous montrons également qu'il est possible d'étendre aux motifs de graphes les représentations condensées de motifs sur la contrainte d'émergence. Cette méthode synthétise les motifs de graphes et facilite leur exploration et leur usages.

Le fil conducteur de ce travail est celui de l'évaluation de propriétés (éco)toxicologiques de molécules par l'usage de modèles in silico, conformément à la norme européenne REACH. Dans ce contexte, les méthodes de fouille de graphes proposées permettent d'extraire des toxicophores (i.e. des fragments de molécules qui peuvent influencer le comportement toxique des molécules) à partir des exemples d'une chimiothèque. Une série expérimentale montre l'apparition de nouvelles structures lorsque le niveau de toxicité des molécules augmente. Ces travaux contribuent à l'acquisition de nouvelles connaissances sur les mécanismes de toxicité des molécules venant compléter les connaissances expertes humaines.

Graph data mining to discover contrasts between classes : application to predictive (eco)toxicology

This thesis deals with graph mining and proposes methods to discover contrasts between classes and applications to predictive (eco)toxicology. We present a new kind of patterns, the emerging graphs patterns – graphs conjunctions whose presence is linked to a given classification – in order to capture contrasts between classes embedded in graph data. Our method is based on a change of graphs description allowing to come back to a tabular data mining context. The broad of data mining constraints can then be applied and we especially use the emerging constraint. We also show how to extend to the graphs the condensed representation of graph patterns according to the emerging constraint. We use closed patterns and the inclusion relation between graphs to respectively reduce the number and average size of the extracted patterns. This method summarizes graph patterns and make easier their exploration and uses.

The thread of this research is about the assessment of the molecular (eco)toxicological properties using in silico models, following the Registration, Evaluation, Autorisation and Restriction of Chemicals European standard. In this context, the graph data mining methods allow to automatically extract sets of toxicophores (i. e. molecular fragments that can influence the chemical toxic behavior) from the examples given in a chemical library. An experimental series shows the appearance of new fragments when the chemical toxicity level increases. Those research contribute to the acquisition of a new knowledge on chemicals toxicity mechanisms completing human' s expertise on that field.

Mots-clés indexation RAMEAU : Exploration de données, représentation de graphes, chimie–informatique, apprentissage automatique, toxicologie, écotoxicologie

Discipline : Informatique et applications

Intitulé et adresse du laboratoire : Laboratoire GREYC CNRS-UMR 6072, Campus Côte de Nacre, Boulevard du MARÉCHAL JUIN, BP 5186, 14032 CAEN CEDEX

9 783838 144092